《秋横一雁图》扇面。这是冯梦龙唯一存世画作,扇面画有垂杨、大雁、小船等,左上方题有七绝诗:"飒飒垂杨自欲衰,小船深系草堂隈。即今景色犹如此,何处秋横一雁来。"款署"子犹龙"。画作尺寸纵17.3厘米,横52.5厘米

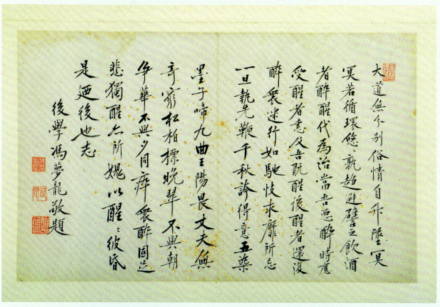

冯梦龙手迹。明万历三十八年(1610),冯梦龙为余杭县令程汝继《后醒子诗集》作跋。原件今藏于婺源博物馆

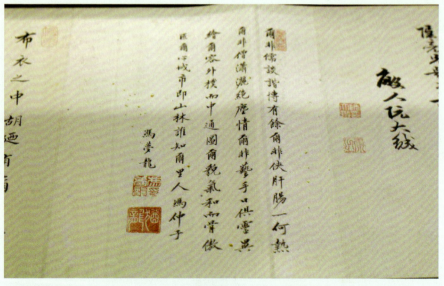

上图为明代画家皇甫钝为顾隐亮所作画像,下图为卷后冯梦龙、申绍芳、虞大定、阮大铖、袁晋、马光、文从简、陆世廉等人的题跋。原件今藏于南京博物院

新华日报社原社长许洪祥先生参观冯梦龙故居及纪念馆后赋诗一首

墨憨斋体验活动

2020年"耕读梦龙"乡村阅读季启动仪式

冯梦龙故居

冯梦龙研究

（第6辑）

王尧 顾建宏 主编

苏州大学出版社
Soochow University Press

图书在版编目(CIP)数据

冯梦龙研究.第6辑／王尧，顾建宏主编.—苏州：
苏州大学出版社，2020.9
ISBN 978-7-5672-3297-6

Ⅰ.①冯… Ⅱ.①王…②顾… Ⅲ.①冯梦龙
(1574-1646)-人物研究②冯梦龙(1574-1646)-文学研究
Ⅳ.①K825.6②I206.2

中国版本图书馆CIP数据核字(2020)第159281号

书　　名：	冯梦龙研究(第6辑)
	FENGMENGLONG YANJIU(DILIU JI)
主　　编：	王　尧　顾建宏
责任编辑：	史创新
出版发行：	苏州大学出版社(Soochow University Press)
社　　址：	苏州市十梓街1号　邮编：215006
印　　装：	苏州工业园区美柯乐制版印务有限责任公司
网　　址：	www.sudapress.com
邮　　箱：	sdcbs@suda.edu.cn
邮购热线：	0512-67480030
销售热线：	0512-67481020
开　　本：	700mm×1 000mm　1/16　印张：10.25　插页：2　字数：148千
版　　次：	2020年9月第1版
印　　次：	2020年9月第1次印刷
书　　号：	ISBN 978-7-5672-3297-6
定　　价：	32.00元

凡购本社图书发现印装错误，请与本社联系调换。服务热线：0512-67481020

《冯梦龙研究》编委会

顾　　　问　屈玲妮
主　　　编　王　尧　顾建宏
副　主　编　马亚中　徐国源
编委会成员（按姓氏笔画排序）
　　　　　　王少辉　许铭华　沈亮亮
　　　　　　张新如　周昕艳　查全福
　　　　　　袁志康　曹　燕　谢　静

冯学研究

关于新时代冯梦龙研究的几点思考

         陈桂声 / 003

试论冯梦龙的编剧理论

  ——以《墨憨斋定本传奇》为例诠释

         邹自振 / 013

冯梦龙与苏州"文教"传统 柯继承 / 026

学术焦点

"三言二拍"中的商人世界 简 雄 / 037

冯梦龙小说编纂"三教"思想略说

         周瑾锋 / 056

廉政文化

冯梦龙民本思想与坚定践行新时代

  好干部标准

     孙月霞 殷盛华 朱家琪 / 069

冯梦龙的廉政实践和士人精神 韩光浩 / 081

试谈冯梦龙的教育思想与教育实践

         卢彩娱 / 087

文本今读

冯梦龙小说中的城隍意象与城隍俗信

           裘兆远 / 099

《寿宁待志》：一部文人自觉的地方志

           李梅芳 / 111

传承创新

学冯梦龙文化之"魂" 筑乡村振兴

 之"基"   顾 敏 / 121

新时期民歌体创作的新高度

  ——评马汉民吴歌体长诗《常德盛》

           郑土有 / 128

口碑拾零

冯梦龙、叶有挺师生的忠义气节

           渊 心 / 139

桃花园里访先贤   程秋生 / 147

资讯简报

苏州市相城区建立冯梦龙廉政文化教育

 基地   殷盛华 / 153

编后记 / 157

冯学研究

关于新时代冯梦龙研究的几点思考

陈桂声

摘　要：进入 21 世纪新时代后，冯梦龙研究日渐兴盛，成果丰富，同时，也对学界和研究者在如何进一步深入和拓展研究领域等方面，提出了更高的要求。本文在"传统研究领域的深入""新研究领域的开拓""研究资料的搜集与编纂"三个方面，作一点粗浅思考和探索，并建议筹建一个全国性的冯梦龙研究会，来更有效地协调、推进研究向更深层次发展。

关键词：新时代　冯梦龙　研究领域　思考

明代后期杰出的通俗文学大师冯梦龙，著述宏富，尤其在小说、戏剧、散曲、民歌、笔记小品等搜集、整理、编辑、创作领域成就卓著，在中国文学史上享有崇高地位。进入 21 世纪新时代后，学界的冯梦龙研究也日渐兴盛。尤其是在江苏苏州、福建寿宁、湖北麻城等地政府的关心、重视和推动下，冯梦龙研究正在向新的高度和深度发展，取得了令人欣喜的成果。

为此，笔者不揣浅陋，拟从"传统研究领域的深入""新研究领域的开拓""研究资料的搜集与编纂"三个方面作一些初步思考与探索，提出一孔之见，抛砖引玉，请同好批评指正。

一、传统研究领域的深入

在冯梦龙研究中，对其文学成就的讨论，一直是个热门话题。首先，冯梦龙编辑、创作的"三言"，作为中国古代白话短篇小说的一座高峰，历来为学者所关注，各种校注本及研究论著层出不穷；其次，对冯梦龙所有创作及编述，也有进一步整理的必要；最后，迄今为止，对冯梦龙的一生行踪，尚未能完全清晰勾勒，也是历来研究者用力发掘和探究的方向。这是三个最重要的传统研究课题，目前依然有着深入探讨的学术价值和意义。

首先，关于"三言"的文本整理，是头等重要的事。"三言"120篇，其完整刻本在中土久无踪影，而日本则藏有明代天许斋本（《古今小说》）、兼善堂本（《警世通言》）、叶敬池本（《醒世恒言》），皆为早期刻本，且均完整无缺。1947年，商务印书馆据王古鲁自日本摄回之照片印行，但印制未能尽如人意。20世纪50年代，李田意从日本摄得"三言"照片，由台北世界书局影印出版，限于两岸交流阻塞，大陆学人难以经眼。直至1987年，上海古籍出版社据世界书局影印本予以重印，大陆学者得以一睹其原貌和全貌，嘉惠学林，功莫大焉。20世纪80年代，日本游万井书房影印"三言"，质量颇佳。因此，学界已经能够很容易获得"三言"的各种版本，为小说文本的整理和研究奠定了文献基础。

"三言"的校注本，20世纪50年代人民文学出版社出版的《古今小说》（许政扬校注）、《警世通言》（严敦易校注）、《醒世恒言》（顾学颉校注）是不容忽视的好本子，六十余年来，广受读者欢迎。但是，"三言"毕竟是四百年前的作品，加之其中还有不少宋元旧作，其各种描写不为人所识者颇多，尤其是一些江南风物、吴地方言等，尚有待精确注释。笔者记得，栾星整理、校注清人李绿园之《歧路灯》108回，使用底本凡11部，择优而从，其《〈歧路灯〉校本序》云："（全书）作注千余条，主要注释了俚语、方言、称谓及名物制度，于古人、古籍、历史事件及三教九流行藏，亦针对文意作了必要的解说。"① 并辑录《〈歧路灯〉旧闻钞》印行，用力殊劬，于读者和研究者均大有裨益，值得赞赏。非常可喜的是，20世纪90年代北京十月文艺出版社梓行了陈曦钟、吴书荫、张明高分别校注的"三言"。陈、吴、张之"三言"校注本，较前之许、严、顾校注本，在注释条目数量上分别增加一倍以上（其中吴注《警世通言》更是多了两千余条，为严注之三倍有余）。陈、吴、张校注本不

---

① ［清］李绿园《歧路灯·校本序》，栾星校注，中州书画社1980年版，第15页。

仅对"三言"之典故、史实、古白话等详加出注，也纠正了许、严、顾校注本中一些不妥之处，是"三言"文本整理、注释的一大成果，学界对之评价颇高，誉为积薪之作。① 另外，台北里仁书局尝宣告将出版李田意"三言"校注本，笔者未见，是否面世，不得而知。

但是，在"三言"文本整理、校注上，目前仍有很多工作要做。这不仅是因为"三言"作品数量多，涉及社会生活的方方面面，有如中国古代社会之万花筒，而且，冯梦龙一生基本上活动于江南，所撰著述亦多反映江南社会人情风貌，地方色彩较为浓厚，所以，在作品中反映和描写的江南地方文化、民风民俗以及吴方言的运用等，极具特色。尤其是吴方言，非熟悉、深谙个中特点和细微差别者，是无法予以精确解释和说明的。这一切，需要文学研究者、语言学家（特别是吴方言学者）、文化学者等通力合作，才有可能把研究推向深入。在此，笔者期待熟悉江南文化和风物、吴方言并有兴趣的学者在这方面继续用力精细研究。

其次，对于冯梦龙的文学成就，除"三言"以外，其戏剧、散曲、民歌方面的搜集、编辑和创作，同样需要继续下功夫深入整理。《冯梦龙全集》早已编辑问世，多次印行，这奠定了很好的基础。但是，如果我们要将《冯梦龙全集》予以注释，那是一件颇为费时费力的工作。目前，对冯梦龙"三言"、《智囊》《山歌》等的校注，已经问世，但尚未有囊括冯梦龙全部作品的校注本。即使是已有冯梦龙作品校注本，也还有修订、深化和提升的余地。

"三言"在社会生活、官场商场、市民思想、文化、民俗及宗教诸方面，与《金瓶梅》互为表里，相互印证，有着极高的认识价值。王凌提出要对冯梦龙及其著述进行总体研究、比较研究和综合研究，是很有见地的。② 因此，研究者不妨拓宽视野，将《金瓶梅》、"二拍"、《型世言》乃至《醒世姻缘传》等同时代描写世态人情的小说，结合起来看，作全面考察，细加比较。同时，"三言"作为拟话

---

① 参见哥舒《譬如积薪后来居上——读陈曦钟〈喻世明言〉新注本》，《北京大学学报》（哲学社会科学版）1996年第1期；王峰《"三言"校注的新成果》，《中国图书评论》1996年第3期。

② 参见王凌《畸人·情种·七品官——冯梦龙探幽》，海峡文艺出版社1992年版。

本典型作品，甄别其中的明人拟话本和宋元旧作，拟话本与宋元话本的渊源、发展及差异等，也是相当有价值的研究课题。

此外，对冯梦龙生平事迹和思想的研究，亦远未到完美的境地。20 世纪 30 年代，容肇祖发表《明冯梦龙的生平及其著述》《明冯梦龙的生平及其著述续考》二文，引起学林重视，此后，历代学者不懈探究，关于冯梦龙的生平逐渐显现轮廓。虽然较之罗贯中、施耐庵、兰陵笑笑生等，我们对冯梦龙的生平了解要多得多，然而，对我们而言，依然有一些未解之谜有待揭开。我们对冯梦龙一生的行踪、其生平经历，似乎大致可辨，然而无法完全清晰勾勒。我们应该掌握冯梦龙详细的生平情况，更好地理解其思想理念、性格特征，以更深入地研究其一生的贡献与价值。但是，遗憾的是，目前已见文献材料，尚不足以支持我们达成研究目标，比如，尽管我们知道冯梦龙晚年曾知寿宁四年，对其政绩，却仅能从《寿宁待志》等少量文献中略窥一二，无从完整详细描述，遑论深入、客观研究评判。

陆树仑、聂付生《冯梦龙研究》是研究冯梦龙生平思想的高水平著作，在今天仍不失其重要参考价值。我们需要在前辈学者研究成果的基础上，不断发掘资料，努力耕耘，力争做出更大的成绩。

二、新研究领域的开拓

冯梦龙作为通俗文学大师，是中国文学史上一位里程碑式的人物。但冯梦龙同时还是一个有志于在政治和社会治理上有所作为的地方官员，晚年出任寿宁县令，勤政爱民，颇有建树，为后人称道。因此，冯梦龙的政治理念、政绩，成为近年来学界所关注的课题，越来越受到学者的重视。这是一个随着时代和社会发展，在冯梦龙学术研究领域里出现的新现象，值得关注。目前，一些高校的研究生学位论文，以冯梦龙为官理政为研究课题者，时有所见，这是一个可喜的现象，青年学者致力于此，必然会推进研究的深入。但这仅仅是开始，尚未到成果累累之时。

对此一领域，笔者以为，应该着重在以下三个方面展开工作：一是冯梦龙为何在晚年出仕；二是冯梦龙任丹徒训导与寿宁县令，其具体理政情况如何，有哪些突出政绩；三是冯梦龙知寿宁四年后卸任，直至去世，编辑、刊行《甲申纪事》《中兴伟略》和参与抗清等具体事迹，亦须详加考察。这对于完整、准确地梳理冯梦龙的政治理念和抱负追求，并予以客观评判，尤为重要。

冯梦龙一生，大部分岁月在苏州度过，墨憨斋中，书香飘溢，秦楼楚馆，缠绵盘桓，也是一风流才子。作为一个传统文人，立志博取功名，效力朝廷，建功立业，光宗耀祖，是很自然的。冯梦龙并未鄙夷时艺，同样热衷科举，但科场失意，屡试不第，于仕途长期未得际遇。直至晚年，得补贡生（与凌濛初相似），任丹徒训导。后迁寿宁知县，已逾花甲，以老衰之身，毅然赴任（自吴郡前往闽北，跋山涉水，在当时应为畏途）。因此，探寻冯梦龙究竟出于何种考虑出仕，搜寻资料，深加探讨，对于冯梦龙政治思想理念轨迹的寻绎，是十分有意义的。

冯梦龙任丹徒训导，辅佐教谕，主管当地学校与生员，掌文庙祭祀，培育和选拔人才，其实即是科举制度下一基层管理机构小官，位卑权小，无多操作空间，难以有所作为。但是，作为一个知县，则须承担一县之治理重任，大至执行、贯彻朝廷及上司诏命、指令，小到赈灾济民，以及地方治安、审案断狱，几乎无人不管、无事不理，实实在在一"父母官"，虽然仅列七品，于一县百姓而言，却事关重大。冯梦龙在寿宁任上，兢兢业业，颇有政声。但是，冯梦龙在四年寿宁知县生涯中，做过哪几件突出的好事，具体做法和结果如何，对此，我们依然未能凭藉现有史料予以清晰、完整、准确描述，自然也无法得出客观结论。笔者尝至寿宁，听闻不少有关冯梦龙勤政爱民的故事，但多为今人编写，至于出于何时、何处或见于何书记载，亦多语焉不详。这些传说，并非没有价值，至少可以使我们感受到，冯梦龙知寿宁四年，给当地百姓留下了良好印象，泽被后世，口碑颇佳。但要据此勾勒冯梦龙理政之具体真实图景，从而确立其清官良吏的地位，从学术研究角度看，尚存欠缺和遗憾。所以，我们必须下大力气，进一步深挖相关史料，为冯梦龙理政思想和政绩的清晰呈现，提供坚实的证据。在这里，冯梦龙《寿宁待志》一书是一个重要材料。冯梦龙撰寿宁方志，名为"待志"，其中可见冯梦龙在寿宁任上做的一些事情，也可见其内心的一些想法，是非常重要的文献。如前所述,对冯梦龙所有著述进行校注,那么,这部《寿宁待志》应列前位,予以详细注解,可以收入大量其他相关史料,作为旁证,于探究冯梦龙在寿宁四年任上所作所为、所思所想,有着不可替代的作用。

冯梦龙卸任寿宁县后,返回苏州,在辞世之前,并未栖身书斋,颐养天年,而是不顾年老力衰,投身抗清斗争,与其往日致力于文学事业不同的是,他把残生余年付与了反清复明活动,呈现出极为深厚的爱国情怀。但是,在他人生的最后几年,我们依然不能明晰地知道其结局,例如他因何而死、死于何时何地,学界尚无定论。这就需要我们搜寻、发掘更多可靠材料来加以论证,在此之前,尚不能遽下结论。

考察和厘清冯梦龙为官理政、勤政爱民以及奋力抗清事迹,不仅可以全面客观地评价其一生贡献,也有着现实的启迪意义,所以,这是一项值得我们进行不懈深入研究的工作。

三、研究资料的搜集与编纂

学术研究,当以充足有力的材料作为基础,否则,研究就是无本之木、无源之水,立论无以支撑,难免人云亦云,徒增蜩螗沸羹而已。因此,学界于冯梦龙研究资料,早有关注,留意搜寻,多年来已有不俗收获,其中,除《冯梦龙全集》早已编辑问世外,最重要的是谭正璧《三言二拍资料》、杨晓东《冯梦龙研究资料汇编》等,亦相继出版,为研究者减轻搜检之劳提供了很大方便,但还远远不能满足研究需要,仍有继续搜集、整理、编纂的很大空间。对此,笔者愿意在四个方面谈谈个人的一点看法,而以资料编纂体例为重点。

(一) 编纂体例

研究资料的编纂,是极为重要的基础性研究工作,要尽可能网罗搜集,巨细靡遗、多多益善,这是对资料整理和编纂的第一要求,也是学界之共识。但是,在这里,笔者要强调的是,编纂的体例影响到一部资料书的质量高低和使用,尤其重要。目前所见之冯梦龙研究资料书,为研究者提供了珍贵资料,但尚未能满足日渐发展和深入的研究需求，因此，也有必要编纂规模更大、更为完善和更便于使用的冯梦龙研究资料汇编。研究资料是供学者研究时使用的，帮助学者省去搜寻之劳苦，那自然要以方便学者利用为目的。所以，必须做到资料的编排分类精确、合理，眉目清晰。从某种程度而言，体例的好坏，是一部资料书成功与否的一大关键。笔者师从中国小说史料学泰斗朱一玄，先师编纂中国古代小说资料书等十数种，各书体例因作者作品情况不同而有所变化，但无不为学者着想，以便于使用为圭臬。由此，笔者对冯梦龙研究资料的编纂体例提出如下建议。

首先，在大量搜集冯梦龙研究资料的基础上，可以按照这样的体例进行分类编纂：

1. 作者生平

冯梦龙的一生行踪，如作者交游（含游历地如寿宁、麻城）等，对于摸清、了解冯梦龙生平，研究冯梦龙及其创作和其他活动，是必不可少的最基本的资料，需要尽可能搜罗完备。

2. 作者思想

冯梦龙的思想，其政治理念、人生追求、文学观点等，直接支配其生活道路的选择和处世行事，也会极大影响到其在文学上的创作和编纂。这类资料，相对于其生平资料，要丰富一些，有直接的，如冯梦龙所撰序言等文字，有间接的，如他人予以总结概述的，凡此种种，皆应收录。

3. 作品版本

冯梦龙一生创作和编纂的作品之繁富，在古代文学家中是较为罕见的。但是，由于其偏重于通俗文学，在明清两代，虽然作品刊行不绝，流布甚广，颇著影响，却并非主流，不入史家法眼，《明史》不及一字。其作品多有流失，不少珍贵版本中土久佚，如"三言"之早期完整刻本，直至上个世纪，国人才从日本得见，影印面世。因此，对于版本的梳理，也是重要的基础性研究工作，同样需要充分、可靠的资料。这个工作，目前而言，还是比较容易做到的，因为我们已经基本掌握了冯梦龙作品的版本情况，但需要加以归纳，为学者探究冯梦龙作品的刊刻、流传提供便利和帮助。

4. 作品本事

冯梦龙作品，以"三言"为例，有本事可见者不少，谭正璧《三言二拍资料》多有搜集，学者称便。但是，如果深入发掘，能否搜寻到更多本事材料，还是需要学者随时留意的。

5. 历代评论

历代关于冯梦龙及其作品的评论，是研究资料极为重要的部分，尤为学者所重视。此类资料分为两个部分：一是对冯梦龙本人的评论，可以使我们知道明清间人是如何评价冯梦龙其人其事的；二是对其创作的评论，其中当不乏可资借鉴的思想观点。这两部分的资料，对今人研究冯梦龙及其创作而言，不可或缺。在这里，除了搜集、整理冯梦龙作品的序跋以外，还要查阅明清间人尤其是与冯梦龙往来过从者的各种著述，如笔记、杂著、诗文。杨晓东《冯梦龙研究资料汇编》已经做了很好的工作，但应该还有遗珠可觅。

6. 作家作品影响

冯梦龙及其创作，四百年来，有着广泛的影响，时至今日，愈益受到国人和学界的重视，研究热潮方兴未艾。这里所说的影响，至少含有三方面的内容：一是冯梦龙本人的影响，即其对明代后期及以后通俗文学创作的发展和推动作用。凌濛初《拍案惊奇序》云："独龙子犹氏所辑《喻世》等诸言，颇存雅道，时著良规，一破今时陋习。而宋元旧种，亦被搜括殆尽。肆中人见其行世颇捷，意余当别有秘本，图出而衡之。不知一二遗者，比其沟中之断芜，略不足陈已，因取古今来杂碎事可新听睹、佐谈谐者，演而畅之，得若干卷。"[①] 可见，凌濛初之"二拍"，即因"三言"广为流布而作。而后此类说部蜂拥书林，自张一军，风靡天下，易代而不改，鲁迅称为"拟话本"[②]，即为典型一例。二是冯梦龙作品对后世之影响。如冯梦龙之"三言"，为短篇白话小说之表表者，后世小说戏曲多有受之影响者，尤其是戏曲曲艺，取材"三言"者众多，今日之舞台、屏幕，据"三言"改编敷演播出之作品，犹令人喜闻乐见。因此，

---

① ［明］凌濛初《拍案惊奇》卷首，上海古籍出版社1985年版。
② 参见鲁迅《中国小说史略》第十三篇《宋元之拟话本》，人民文学出版社1973年版。

研究冯梦龙其人其作之影响，对于准确定位冯梦龙作为一个通俗文学大师地位，是十分重要的。三是冯梦龙为官理政留下的政声和对后世的启迪。冯梦龙本是一介文人，但晚年又厕身仕途，当了四年知县，勤政爱民，在寿宁走过了一段不同寻常的仕宦之路，也为他的人生涂抹了一道亮丽的色彩。遗憾的是，囿于史料的有限，我们很难详细描述其仕宦生涯的过程以及政声政绩。但是，在寿宁民间，至今有不少关于冯梦龙的民间传说，虽不足以用来考证冯梦龙的生平，却可从中了解他在当地刻下的印迹和产生的影响，特别是其理政思想，对今天依然有一定的教育和启迪意义。所以，民间传说的搜集，可以纳入冯梦龙的影响一栏，以资学者参考。不过，需要再次说明的是，民间传说往往很难考证产生年代及出处，因此，一定要实实在在，做必要的田野调查，力求追本溯源，细致鉴别，去伪存真，切忌道听途说，不加分析，然后发挥想象力，添枝加叶，有目的地进行"创作"，这样得来的"民间传说"，作为文学创作是可以的，但没有多少学术研究参考价值。

（二）资料的取舍别裁

这是一个颇需学术眼光的问题，资料不是学问本身，但编纂资料，没有学问是万万做不到的。资料汇编，以求全为要，兼收并蓄，但也不是不加选择，冗杂不弃。应该做到的是，尽量把相关材料完整收录，因为研究者的研究课题、方向和目的不同，有时此一材料于甲无用，然于乙却是至宝，所以使用者需要了解材料的完整性，以准确判断材料所蕴含和表达的全部意义，方可选择引用；但是，对于一些明显与研究无关且可靠性不强的资料，还是应该弃之不录，以免鱼龙混杂，令人难以采择。所以，资料编纂者的学术眼光起着至关重要的作用。

（三）资料原貌的保存

这一点笔者以为是要严肃考虑到的，即对于所收资料，一定要保存其本来面目，不能任意改动。如果确实需要对资料文字作必要校改，那一定要出注，或以"编者按"方式予以说明，绝不能直接以校改后的文字示人，因为编纂者的校改并不能保证绝对正确无误。资料的编纂者，也应该尽量不要在资料书中夹杂有针对性、有个人观点或偏向性的论述，如编纂者有独特见解，可以另行撰文发表。这样做的目的，是让资料的使用者能独立判别资料的价值和意义，从而决定是否采用或如何运用，这也是对研究者的信任和尊重。

（四）详细注明出处

资料的出处是必须详加标明的。在编纂所录资料时，决不能漏了具体出处，诸凡时代、作者、版本、页码或卷数等的注明，一概不可省略。如有不同版本，文字亦有差异，最好一并收录，供研究者参考比较，择优而从。如此，研究者一旦引用，需要寻找原书校核，按图索骥，也就非常方便了。

郑振铎在为孔另境《中国小说史料》一书作的序中，对于小说"版本""目录"以及史料书的编纂，给予了极高的评价，是学者"不得不感谢的"[①]。对于冯梦龙研究而言，如能编纂一部高质量的综合性的资料汇编，惠及学林，是一件功德无量的大好事。

要之，冯梦龙研究，在新时代迈入了一个新的境界，是一项大有可为的事业。笔者认为，目前迫切要做的是《冯梦龙全集》的修订和校注、冯梦龙为官理政事迹和理念的发掘与评价、冯梦龙研究资料库的建设。这是一个大型文化工程。因此，如能有一个全国性的冯梦龙研究会，以汇聚、协调学界和社会各方力量，勠力同心，则冯梦龙研究定能成果迭出，更上层楼，并可为地方文化建设贡献一份绵薄之力。

（作者为苏州大学文学院教授）

---

① 孔另境《中国小说史料》卷首，上海古籍出版社1982年版。

试论冯梦龙的编剧理论

——以《墨憨斋定本传奇》为例诠释

邹自振

摘　要：冯梦龙是明末著名的文学家，也是颇有成就的戏曲家。他自创传奇两种，整理改编《墨憨斋定本传奇》十二种，其曲论散见于他为改定本写的序和总评中，涉及编剧、表演、导演等诸多方面。他主张"曲以悦性达情"的创作意识，提出"推陈致新""化腐为新"的理论主张，坚持"情节可观"的改编标准，并以"穷极离合之情"作为人物塑造的要求之一。

关键词：冯梦龙　《墨憨斋定本传奇》　编剧理论

冯梦龙（1574—1646），字犹龙，别署龙子犹、顾曲散人、墨憨斋主人等，长洲（今江苏苏州）人。青壮年时屡试不中，寄情于青楼歌榭，酷爱李贽"异端"之学，言行每出于名教之外，时人称其为畸士或狂生。明天启二年（1622）因宦游讲学获言罪而归故里；六年因好友周顺昌遭捕而被牵连，遂至山中避祸。崇祯三年（1630）始出贡；七年任福建寿宁知县；十一年任满归隐还乡。李自成灭明，冯辑《甲申纪事》，寄希望于福王小朝廷。清兵南下，冯刊布《中兴伟略》，并在闽浙一带活动。清顺治三年（1646）春，冯梦龙忧愤而死（一说被清兵杀害）。

冯梦龙是明末著名的文学家，其成就特别表现在民间文学的搜集、整理、出版和研究上，同时，他也是著名的戏曲家。正因如此，他的编剧学理论有一种不同于一般文人学士的民主主义色彩和清新俊朗的风格。其剧论散见于《墨憨斋定本传奇》《墨憨斋词谱》《太霞新奏》诸集中，论述涉及编剧、表演、导演等多方面。

一、《墨憨斋定本传奇》的篇目及特色

冯梦龙精通音律，对明代大戏曲家、曲论家汤显祖以及沈璟、王骥德都很推崇，自云深得沈璟"倾怀指授"。冯梦龙自作传奇《双雄记》《万事足》两种。整理改编《酒家佣》《量江记》《精忠旗》《梦磊记》《洒雪堂》《楚江情》《风流梦》《邯郸梦》《新灌园》《女丈夫》《人兽关》《永团圆》等十二种（其中汤显祖、张凤翼、李玉各两种，即后六种），通称为《墨憨斋定本传奇》。其曲论也散见于他为改定本写的序和总评中。现将冯梦龙自创或改编的传奇剧目及特色简介如下。

《双雄记》亦名《善恶图》，系冯梦龙据明万历年间苏州实事写成。演奇士丹信因叔父丹三木诬陷入狱，后准予戴罪出战，大胜倭寇，冤案昭雪，夫妻团圆的故事。剧中有龙神以双雄宝剑赠予丹信及刘双情节，丹、刘两人后仗剑立功，因得名，冯氏自称此剧为早年所作，以恪守音律而深得沈璟等曲家赞赏。

《万事足》由冯梦龙据无名氏《万全记》改定，演儒士陈循、高谷故事。陈、高原为同学，后又同年及第，皆无子。陈妻贤惠，为夫娶妾，得子。高妻妒悍，高谷纳难女为妾后，其妾只能寄居道观。陈循曾怒责高妻，高妻妒稍衰，后高妾也生一子。其间穿插陈循戏贬土地神，高谷古庙救难女，陈、高之同年顾愈保护高妾等情节。阐发除妒、延嗣主题，希冀通过友人周旋消除矛盾，实现家庭和谐。剧名取意于"无官一身轻，有子万事足"古谚。按，陈、高实有其人，系明永乐朝同年进士。

《酒家佣》据陆采、钦虹江同名传奇改定。大致情节为：东汉梁冀擅权，李固一家受害，第三子李燮在其姊文姬救护下，由其父门生王成陪同，逃往江东，更改姓名为酒家佣。酒家主人以女妻之。李燮虽为佣人，犹勤奋好学。后梁冀被诛，李燮返乡里，姊弟相见。

《量江记》据佘翘同名传奇改编。剧演五代时南唐人樊若水事。若水因南唐不用其才，乃渔钓采石江上数月，乘小舟往来南北两岸，私测长江水面宽度，然后潜逃宋朝，诣阙上书，向赵匡胤陈述江南可取状。赵于是派遣曹彬率兵渡江，灭南唐。吕天成《曲品》评此

剧曰："樊若水事，奇。全守韵律，而词调俱工，一胜百矣。"①

《精忠旗》据李梅实同名传奇改编。全剧共两卷三十七出，演南宋岳飞事。冯氏曰："旧有《精忠记》，俚而失实，识者恨之。从正史本传，参以《汤阴庙记》事实，编成新剧，名曰《精忠旗》。精忠旗者，高宗所赐也。涅背誓师，岳侯慷慨大节所在。"② 今传本中有《岳侯涅背》《御赐忠旗》两出。

《梦磊记》一名《巧双缘》，史槃撰，原作已无存本，唯冯梦龙重编本犹存。剧写文景昭梦见仙人，授以"磊"字，说他一生富贵姻缘都与"磊"即三个"石"字有关。后文景昭与刘亭亭成婚，并中状元，果然都与"石"字有关。

《洒雪堂》据梅孝己同名传奇改编，本事出自李昌祺文言小说集《剪灯余话》。全剧共两卷四十出，首列梅氏写于崇祯元年（1628）的《小引》和冯氏《洒雪堂总评》。剧写书生魏鹏与小姐贾娉娉出生入死的爱情故事。魏、贾两人由父母指腹为婚，后魏到贾家求成亲，贾母不允，魏虽设法与贾女私相会面，但婚事无果，贾女因此抑郁而死，死后借宋月娥尸体还魂，终与魏鹏结为夫妻。

《楚江情》据袁于令《西楼记》改定，演于鹃与妓女穆素徽事。于、穆两人因写词曲而互相爱慕，曾在西楼同歌〔楚江情〕。事为于鹃之父御史于鲁得知，将穆女逐徙杭州。相国公子池同乘机以巨款买穆女为妾，穆女不从，备受虐待。于鹃赴试得中状元，后在侠士胥表的帮助下，终于与穆女结为婚姻。冯梦龙改编本在情节上略作删减，将原作中胥表杀池同、赵不将事翻案。冯氏序曰："忽而杀一妾，忽而杀二生，多情者将戒心焉。余不得不为医此大创。"③ 因于鹃〔楚江情〕曲为定情之关键，故名。剧中《楼会》《拆书》《错梦》等出较流行。

《风流梦》据汤显祖《牡丹亭》改编。剧写南宋时南安太守杜

---

① ［明］吕天成《曲品》，《中国古典戏曲论著集成》（六），中国戏剧出版社 1959 年版，第 236 页。

② 转引自《历代曲话汇编：新编中国古典戏曲论著集成·清代编·曲海总目提要（上）》，黄山书社 2009 年版，第 341 页。

③ 转引自《历代曲话汇编：新编中国古典戏曲论著集成·清代编·曲海总目提要（上）》，黄山书社 2009 年版，第 345—346 页。

宝的独生女丽娘，受《诗经·关雎》启发，青春觉醒，私游后花园，梦中与一书生幽会，从此春情难遣，抑郁而死。杜宝升官离任，在花园中为丽娘造一坟墓，并建一梅花观。三年后，岭南书生柳梦梅游学赴考，过南安借宿于梅花观。某日闲游花园，拾得丽娘自画像，日夜观赏呼唤，和画中人的阴魂幽会。柳梦梅掘墓开棺，杜丽娘还魂回生，二人结为夫妇，同往临安。柳生应试，因金兵南侵，发榜延期。柳生受丽娘之托，到淮安拜见杜宝。杜宝视柳生为骗子和盗墓贼，吊打拷问，后闻柳生已中状元，才将他释放。但杜宝不相信丽娘复活，更不承让女儿的婚事。最后闹到皇帝面前，反复考察，杜丽娘与柳梦梅遂成合法夫妻。冯梦龙自云："梅柳一段因缘，全在互梦，故沈伯英（沈璟）题曰《合梦》，而余则题为《风流梦》云。"①《风流梦》全名《墨憨斋重定三会亲风流梦传奇》，署"临川玉茗堂创稿，古吴龙子犹更定"。冯氏剪裁原作中的一些枝蔓情节，使全剧精练紧凑，更适合昆曲舞台演出。

《邯郸梦》据汤显祖同名传奇（又名《邯郸记》）改编。剧写山东卢生痴念功名，在邯郸赵州桥旅店遇见仙人吕洞宾。卢生借得吕洞宾磁枕，白日入梦，梦中与清河崔氏女结婚，用金钱买通权贵，因而得中状元。后奉命至陕州开河，挂帅征西，建功封侯，但因得罪权臣宇文融和偷写封诰等罪而被弹劾问斩。遇赦后充军鬼门关，历经折磨，又被召回朝，当了二十年宰相，晋封赵国公，儿孙辈也一并得官。皇帝赐女乐二十四名。八十岁的卢生淫乐无度，一病不起，临死时还惦念身后加官赠谥和幼子的荫封。结果梦醒觉悟，看破人情世故和人我是非，随八仙修道。

《新灌园》据张凤翼《灌园记》改编，演齐襄王为太子时隐名灌园事。剧写战国时燕将乐毅破齐，杀齐湣王。世子法章逃匿太史敫家为灌园仆人。敫女爱慕法章，私定婚姻。后齐将田单破燕，恢复齐国，立法章为齐襄王，襄王立敫女为王后。冯氏《新灌园总评》曰："旧《记》惟王蠋死节、田单不肯自立二事，差强人意。余只

---

① ［明］冯梦龙《风流梦小引》，《墨憨斋重定三会亲风流梦传奇》，《古本戏曲丛刊初集》影印明墨憨斋刊本。

道淫，未足垂世。新《记》法章念念不忘君国，而夜祭之孝，讨贼之忠，皆是本传绝大关目。"①

《女丈夫》据张凤翼《红拂记》、刘晋充《女丈夫》并参照凌濛初《虬髯翁》诸剧改定。剧写隋代布衣李靖求见越国公杨素，陈述治国方略而不为所用。杨府侍女红拂倾慕李靖，夜间私奔李靖处，两人偕同出走，途中与虬髯客张仲坚相遇。因红拂本姓张，仲坚与之结为兄妹，并尽资相助。其间夹叙徐德言与乐昌公主几经波折，破镜重圆之事。后李靖辅佐唐太宗创立基业，张仲坚也在海外建功立业。冯梦龙改编本删去原剧中乐昌公主与徐德言破镜重圆的故事，情节较精练，专演女侠红拂、豪杰虬髯翁匡扶李靖事。冯氏序曰："旌红拂之能识英雄而从之，故以为女中丈夫也。"②

《人兽关》据冯梦龙自著《警世通言》中《桂员外穷途忏悔》改编，情节略有变动。剧写桂薪原为财主，落败后一家穷困，同窗友施济赠金三百两，又给桑园茅屋让其安居。桂薪在住地掘取施济之父施鉴窖藏之金，骤然致富。施济病死，其子施还与母严氏贫困，求助于桂薪。桂竟然忘恩负义，不予周济，反加凌辱。后来施还得到祖上遗产，重为富室。桂薪梦游地府，己身与妻子皆变为犬，于是感悟，持斋诵经直至终老。施还高中探花，娶桂氏女贞儿为妻。李玉《一笠庵四种曲》之一有此同名剧，亦据冯氏小说改编。

《永团圆》据李玉《一笠庵四种曲》之一同名传奇改编，情节略有更改。剧写富豪江纳长女兰芳幼许蔡氏，后江纳嫌蔡家贫寒，乃逼其婿蔡文英退婚。兰芳闻讯连夜出走。文英向应天府尹高谊告状，高谊秉公判案，让江纳以女嫁蔡。江纳无奈，以次女蕙芳代替，与文英成婚。兰芳出走后投江，被刘义夫妇搭救，后被高谊收为义女，亦嫁与文英。该剧与《人兽关》一样，都为惩恶扬善的讽刺喜剧，其中《击鼓》《堂配》等出较流行。

---

① 转引自《历代曲话汇编：新编中国古典戏曲论著集成·清代编·曲海总目提要（上）》，黄山书社2009年版，第351页。

② 转引自高洪钧《冯梦龙集笺注》，天津古籍出版社2006年版，第202页。

二、"曲以悦性达情"的创作意识

冯梦龙对晚明文人剧作的创作风气曾有激烈的批评,他指出:"数十年来,此风忽炽,人翻窠臼,家画葫芦,传奇不奇,散套成套。"① 而要害就在于无个性、无创造性。他认为,"达人之性情"②是文学艺术的根本特性。要做到有个性、有创造性,就必须从"锢钉自矜""齐东妄附"的心态中解脱出来,确立"曲以悦性达情"③的创作意识。

冯梦龙在《太霞新奏序》中明确提出,戏曲文学创作应该回到古代去,亦即回到自然去,回到"发于中情"的本然意义上去,以便"自然而然"地"达人之性情";反对步"昔日之诗"的后尘,用"套""艰""腐"之类的"词肤调乱"去阻塞性情的畅达。为此,他指出从诗教中彻底解放出来才是戏曲发展的正确途径。因为,只有"死于诗而乍活于词",剧作者才能够"一时丝之肉之,渐熟其抑扬节奏之趣。于是增损而为曲,重叠而为套数,浸淫而为杂剧传奇,固亦性情之所必至矣"④。

冯梦龙此论是对徐渭、李贽民主思想的继承和受汤显祖、三袁(袁宗道、袁宏道、袁中道)的深刻影响,但主观因素则在于他从民间文学得到的思想启发。冯梦龙认为民间文学与文人文学(如山歌与诗文)的最根本的区别即在于一个"真"一个"假",正如其《叙山歌》所云:"今虽季世,而但有假诗文,无假山歌,则以山歌不与诗文争名,故不屑假。"他本人之钟爱山歌正是为了"借男女之真情,发名教之伪药"⑤。

若将这种主张移入剧论,就必然要求在创作中力避"假诗文"

---

① [明]冯梦龙《曲律·叙》,《中国古典戏曲论著集成》(四),中国戏剧出版社1959年版,第47页。
② [明]冯梦龙《太霞新奏序》,《太霞新奏》,明天启七年(1627)刊行本。
③ [明]冯梦龙《风流梦小引》,《墨憨斋重定三会亲风流梦传奇》,《古本戏曲丛刊初集》影印明墨憨斋刊本。
④ [明]冯梦龙《步雪初声序》,转引自高洪钧《冯梦龙集笺注》,天津古籍出版社2006年版,第194页。
⑤ [明]冯梦龙《山歌》,《善本戏曲丛刊》(第五辑)影印明崇祯刻本。

的影响，而坚持追求民间文学所具有的那种真情。这也正是冯氏本人剧作的一个根本特点，恰如他自我评述的："子犹诸曲，绝无文采，然有一字过人，曰'真'。"① 这种"真情"并不是指的关于客体对象的描写内容，而是说的创作主体排除外入观念的干扰，只是本于主观性情，"发乎中情，自然而然"，"以己意熔化点缀不露痕迹"②。冯梦龙说："王伯良（王骥德）之词，由烂熟中来，故水到渠成，瓜熟蒂脱。手口和调处，自有一种秀色，不似小家子，以字句争奇已也。"③ 既是如此，剧作家各自的自然禀性、主观性情不同，其发乎于中的情和发情的方式也各个有别，于是就形成了各不相同的艺术个性，如冯氏所云："词才天赋不同，梁伯龙（梁辰鱼）以豪爽，张伯起（张凤翼）以纤媚，沈伯英（沈璟）以圆美，龙子犹（冯梦龙）以轻俊；至于秀丽，不得不推伯良（王骥德）。"④

真情之所以能决定剧作家的艺术个性，不仅仅是因为它支配着剧作家的语言风格，更在于它作为内在机制牵引着剧作家结构剧本情节的情感逻辑走向，同时又因此而制约着剧本结构的外部形态特征。所谓"谁将情咏传情人，情到真时事亦真"⑤，正说明了主体的"情"对所描写的客体的"事"有着一种不可规避的使动和规范的力量。冯梦龙的这两句诗是《洒雪堂》的结尾诗，是对《洒雪堂》原作者梅孝己的《小引》的概括。梅《小引》云："钟情之至，可动天地，精气为物，游魂为变，将何所不至哉。"⑥ 可无所不至。所以，只要循真情的逻辑去构思剧本，那么所虚构的戏剧情节也就必然是真实可信的。

---

① ［明］冯梦龙《太霞曲语》，转引自任中敏《新曲苑》，凤凰出版社 2014 年版，第 185 页。
② ［明］冯梦龙《太霞新奏》卷一，明天启七年（1627）刊行本。
③ ［明］冯梦龙《太霞曲语》，转引自任中敏《新曲苑》，凤凰出版社 2014 年版，第 184 页。
④ ［明］冯梦龙《太霞曲语》，转引自任中敏《新曲苑》，凤凰出版社 2014 年版，第 184 页。
⑤ ［明］冯梦龙《墨憨斋新定洒雪堂传奇》，《古本戏曲丛刊二集》影印明墨憨斋刊本。
⑥ ［明］梅孝己《洒雪堂小引》，引自冯梦龙《墨憨斋新定洒雪堂传奇》，《古本戏曲丛刊二集》影印明墨憨斋刊本。

三、"推陈致新""化腐为新"的理论主张

明末剧作界盛行因袭之病,因为汤显祖《牡丹亭》享誉剧苑,于是便出现了"活剥汤义仍,生吞《牡丹亭》"的模拟之风。冯梦龙对此严加斥责:"大抵作套数者每多因袭之病,总为旧曲已经行世,若改调必置弗歌。夫因陋仍弊,以求不废于俗,此亦作者之羞也。"① 除了表现在唱曲方面外,这种因袭之病的主要症状则表现在故事情节和结构布局方面,具体即如冯氏所指出的:"运笔不灵,而故事填塞,侈多闻以示博;章法不讲,而饾饤拾凑,摘片语以夸工。此皆世俗之通病也。"② 为了疗治这种"因袭之病""世俗之通病",冯梦龙明确提出了"推陈致新""化腐为新"的理论主张。

这样,冯梦龙就站在哲学思想的高度概括了戏曲史发展的一条基本规律,揭示了继承与革新的辩证关系。当然,冯氏在运用这一概念时还只是局限于艺术表现方法上的意义,并不如我们今天所说的"推陈出新"更偏重于思想方法的意义。不过,我们不可因此而看不到冯氏关于这一理论的真知灼见。

冯梦龙并不认为在艺术表现方法上"推陈致新"是件很容易的事,所谓"推陈致新,戛戛乎难之"③。为什么呢?因为在他看来,"推陈致新"决不限于技巧的转换,首先在于树立"戏之为戏"的全面观念。他认为"因袭之病"盛行的一个重要原因就在于存在着"作者不能歌"和"歌者不能作"的片面性:"作者不能歌,每袭前人之舛谬,而莫察其腔之忤合;歌者不能作,但尊世俗之流传,而孰辨其词之美丑?"④ 要想不袭"前人之舛谬"和不尊"世俗之流传",首先就要求从单一的文学性或单一的舞台性的偏执中解放出

---

① [明]冯梦龙《太霞曲语》,转引自任中敏《新曲苑》,凤凰出版社2014年版,第187页。
② [明]冯梦龙《太霞曲语》,转引自任中敏《新曲苑》,凤凰出版社2014年版,第181页。
③ [明]冯梦龙《太霞曲语》,转引自任中敏《新曲苑》,凤凰出版社2014年版,第181页。
④ [明]冯梦龙《太霞曲语》,转引自任中敏《新曲苑》,凤凰出版社2014年版,第181页。

来，克服"作者不能歌"或"歌者不能作"的片面性，以文学性和舞台性相统一这个综合艺术观念去处理表现技巧的问题，这样才能真正做到"推陈致新""化腐为新"。

冯梦龙对若干旧作的审定、改编正是从这个综合艺术观念出发的，他并不贪恋佳词，而仅视情节是否妥帖，冯梦龙在改本中非常注意这一点。如他在《梦磊记》第二十六折眉批中写道："传奇中凡宸游，俱以富丽为主，此独清雅脱套，入梦中一段更妙。"又如《风流梦》，"原本如老夫人祭奠及柳生投店等折，词非不佳，然折数太烦，故削去。即所改窜诸曲，尽有绝妙好辞，譬如取饱有限，虽龙肝凤髓，不得不为罢箸"①。同样，他也不苟于"俗优"仅仅为了做戏的需要而随意削去必不可少的词曲，还如《风流梦》"《合梦》一折，全部结穴于此。俗优仍用癞头鼋发科收场，削去〔江头〕〔金桂〕二曲，大是可恨"②。

冯梦龙的主要注意力在剧本的情节结构方面，使之更符合剧体的特点；正如他在自序中将《西楼记》改编为《楚江情》的"增删情迹之意"时所说，是为了"模情布局"，种种"化腐为新"③。所谓"模情布局"，有的是为了理清一剧的情节主线，如他修定《人兽关》时"移大士折于赠金、设誓之后，为《冥中证誓》张本，线索始为贯串"④。有的则是为了更贴切地表现特定的剧境，以便更准确地表现剧中人物的性格，如《永团圆》一剧"原本太直遂，似乎高公势逼，蔡生惧而从之；蕙芳含怨，蔡母子强而命之，不成事体"，故而"不得不全改之"，使其"十分委曲，描出一番万不得已景象"⑤。

---

① [明]冯梦龙《风流梦总评》，《墨憨斋重定三会亲风流梦传奇》，《古本戏曲丛刊初集》影印明墨憨斋刊本。
② [明]冯梦龙《风流梦总评》，《墨憨斋重定三会亲风流梦传奇》，《古本戏曲丛刊初集》影印明墨憨斋刊本。
③ [明]冯梦龙《楚江情自序》，《墨憨斋重定西楼楚江情传奇》，明刊本《墨憨斋定本传奇》。
④ [明]冯梦龙《人兽关总评》，《墨憨斋订定人兽关传奇》，明刊本《墨憨斋定本传奇》。
⑤ [明]冯梦龙《永团圆总评》，《墨憨斋重定永团圆传奇》，明刊本《墨憨斋定本传奇》。

当然，冯梦龙在审定、改编中常常因"注重'务实'的精神"而"排斥了作品中所有空灵排宕的描写"，实为"失之片面"①。不过，我们更需看到，正是通过冯氏的改编，若干剧作才更适合舞台表演，如冯梦龙将汤显祖的《牡丹亭》改为《风流梦》，使《牡丹亭》中的《春香闹学》《游园惊梦》《拾画叫画》等出成了后世长期保留的剧目，这也正说明了他的以情节结构为重心的"推陈致新"的主张确有其艺术实践价值和理论生命力。②

特别值得一提的是，冯梦龙对汤显祖的剧作论述十分精辟，他在改本《邯郸梦》的《总评》中写道："《紫钗》《牡丹亭》以情，《南柯》以幻，独此因情入道，即幻悟真"，"通记极苦极乐，极痴极醒，描摹尽兴，而点缀处亦复热闹，关目甚紧……惟填词落调及失韵处，不得不为一窜耳"。③

四、"情节可观"的改编标准

既然以"曲以悦性达情""推陈致新""化腐为新"作为编剧的理论基础，那么在剧本创作中首重情节，对冯梦龙来说就是必然的了。这正如他在《双雄记》中表白的："余发愤此道良久，思有以正时尚之讹，因搜戏曲中情节可观而不甚妍律者，稍为窜正……"④显然，"情节可观"不仅是他评品作品的首要标准，也是他改编和创作剧本时注意的中心。冯梦龙何以如此重视情节呢？因为戏曲之所以成为群众普遍欣赏的艺术形式，一个重要的原因就在于它具有"就事敷演，易于转换"⑤的特点。"转换"，从表现形式看是节奏的变化，而就内容实质而言则是感情运动的变化——情节的变奏。把握情节节奏的变换，有层次地"就事敷演"出完整的故事，是戏曲

---

① 叶长海《中国戏剧学史稿》，上海文艺出版社1986年版，第232页。
② 邹自振《冯梦龙改本〈风流梦〉与汤显祖〈牡丹亭〉之比较》，《冯梦龙研究》（第4辑），苏州大学出版社2019年版，第41—55页。
③ [明]冯梦龙《墨憨斋重定邯郸梦传奇》，《古本戏曲丛刊初集》影印明墨憨斋刊本。
④ [明]冯梦龙《双雄记叙》，《墨憨斋重定双雄记传奇》，《古本戏曲丛刊二集》影印明墨憨斋刊本。
⑤ [明]冯梦龙《太霞曲语》，转引自任中敏《新曲苑》，凤凰出版社2014年版，第181页。

适应观众欣赏心理的基本前提。

冯梦龙的戏曲创作十分留意情节节奏处理与观众欣赏心理共频共振的问题,他指出:"凡纪事之词,全要节次清楚,而过脉绝无痕迹。如太史公《伯夷》《屈原》等传,以事实议论相御而行,其叙事又须明显,使人一览而知,方妙。此是子犹胜场。"① 从这段文字里可以领悟出冯梦龙对情节处置的基本要求,再结合他在改编本中的论述,即可将其情节论要点列举如下。

其一,突出中心情节。如《精忠旗》一剧:"'刻背'是《精忠》大头脑……须要描写慷慨忘生光景。"②《永团圆》一剧:"《挜婚》《看录》及《书斋偶语》三折,俱是本传大紧要关目……须是十分委曲,描出一番万不得已景象。"③《楚江情》一剧:"《买骏》一折似冷,而梅花胡同之有寓,马之能致千里,叔夜、贞侯之才名,色色点破,为后来张本,此最要紧关目。"④

其二,线索贯串,血脉畅通。如《风流梦》一剧云:"凡传奇最忌支离,一贴旦而又翻小姑姑,不赘甚乎?今改春香出家,即以代小姑姑,且为认真容张本,省却葛藤几许。"⑤《人兽关》一剧云:"今移大士折于赠金、设誓之后,为《冥中证誓》张本,线索始为贯串。"⑥《永团圆》一剧云:"余所补凡二折,一为《登堂劝驾》,盖王晋登堂拜母,及蔡生辞亲赴试,皆本传血脉,必不可缺。"⑦

其三,层次清晰,过渡自然。如《洒雪堂》一剧"是记情节关

---

① [明]冯梦龙《太霞新奏》卷十二,明天启七年(1627)刊行本。
② [明]冯梦龙《精忠旗》第二折《岳侯涅背》眉批,《墨憨斋新订精忠旗传奇》,《古本戏曲丛刊二集》影印明墨憨斋刊本。
③ [明]冯梦龙《永团圆总评》,《墨憨斋重定永团圆传奇》,明刊本《墨憨斋定本传奇》。
④ [明]冯梦龙《楚江情自序》,《墨憨斋重订西楼楚江情传奇》,《古本戏曲丛刊初集》影印明墨憨斋刊本。
⑤ [明]冯梦龙《风流梦总评》,《墨憨斋重定三会亲风流梦传奇》,《古本戏曲丛刊初集》影印明墨憨斋刊本。
⑥ [明]冯梦龙《人兽关总评》,《墨憨斋订定人兽关传奇》,明刊本《墨憨斋定本传奇》。
⑦ [明]冯梦龙《永团圆总评》,《墨憨斋重定永团圆传奇》,明刊本《墨憨斋定本传奇》。

锁，紧密无痕"①；同剧"助姑慰解，庶乎强可，且父女岳婿借此先会一番，省得末折抖然毕聚，寒温许多不来，此针线最密处也"②。

五、"穷极离合之情"的人物塑造

冯梦龙认为："传奇之衮钺，何减春秋笔哉！世人勿但以故事阅传奇，直把作一具青铜，朝夕照自家面孔可矣。"③ 无疑，戏剧的这种世人借以观照生活、观照自身的镜子作用，又是通过塑造有丰富情感的人物形象来实现的，比如《洒雪堂》，"是记穷极男女生死离合之情，词复婉丽可歌，较《牡丹亭》《楚江情》未必远逊，而哀惨动人更似过之。若当场更得真正情人，写出生面，定令四座泣数行下"④。

唯其如此，"穷极离合之情"，塑造感情丰满而又有独特个性的人物形象，便是剧作家创作中的一个重要课题。冯梦龙在分析《酒家佣》人物形象时即指出："李固门人执义相殉者甚多……演李固要描一段忠愤的光景；演文姬、王成、李燮要描一段忧思的光景；演吴祐、郭亮，要描一段激烈的光景。"⑤ 在"执义相殉"的共性中，他特别注重同类人物各自表现出来的"忠愤""忧思""激烈"等不同的个性特征。

冯梦龙对戏曲人物形象的塑造极为重视。他在《万事足》第二十八折眉批中写道："此套关目甚好，字字精神。演之令人起舞，切不可删削一字。"⑥ 冯梦龙强调人物身份性格，重视角色性格化的表演对情节的推动作用，以及情节发展对人物性格塑造所起的作用。

---

① [明]冯梦龙《洒雪堂总评》，《墨憨斋新定洒雪堂传奇》，《古本戏曲丛刊二集》影印明墨憨斋刊本。
② [明]冯梦龙《永团圆总评》，《墨憨斋重定永团圆传奇》，《古本戏曲丛刊二集》影印明墨憨斋刊本。
③ [明]冯梦龙《酒家佣叙》，《墨憨斋详定酒家佣传奇》，《古本戏曲丛刊二集》影印明墨憨斋刊本。
④ [明]冯梦龙《洒雪堂总评》，《墨憨斋新定洒雪堂传奇》，《古本戏曲丛刊二集》影印明墨憨斋刊本。
⑤ [明]冯梦龙《酒家佣总评》，《墨憨斋详定酒家佣传奇》，《古本戏曲丛刊二集》影印明墨憨斋刊本。
⑥ [明]冯梦龙《墨憨斋订定万事足传奇》，《古本戏曲丛刊二集》影印明墨憨斋刊本。

在《女丈夫》第三十一折《海外称王》眉批中，冯梦龙写道："虬髯公海外称王一段气象，也须敷演一场，岂可抹杀。演此折须文武宫监极其整齐，不可草率，涉寒酸气。"①这里虽然是直接就演员把握脚色的特征而言的，但我们不正可以反证其对于作为演出脚本的剧作亦持有同样的要求吗？

更具有创见性的观点是，冯梦龙在中国戏剧理论史上首次提出了展示人物个性须时刻牢牢把握其性格内在的核心意向这样一个更深层次的命题。即如他在《酒家佣》一剧所言："凡脚色，先认主意。如越王、田世子，无刻可忘复国；如李燮、蔡邕，无刻可忘思亲。"②这个"主意"，"是脚色的核心意向，即是脚色推动戏剧动作发展的主观意志"③，我们进而可以把它理解为人物性格的内核、种子，是形成人物独有的个性特征的"情结"。在《墨憨斋定本传奇》中，他对演员的表演作了许多重要的提示和具体的指导。冯梦龙的这一理论见解，把古代剧作学中关于戏剧冲突的认识提到了新的高度，即戏剧冲突不仅仅表现为外在的行为冲突，更依赖于深层的意志冲突。换言之，戏剧冲突缘起于人物意志的反差，其本质即为意志冲突。

冯梦龙的戏曲编剧理论是比较全面的，他特别注重掌握文学剧本的时代精神，在戏曲改编中，他按照自己的审美情趣与戏剧主张，对原作加以适当修正，以利于场上演出。如他改编的《新灌园》传奇，他便自己要求达到"忠孝志节，种种具备，庶几有关风化而奇可传"④的效果。

凡此种种，意在说明，冯梦龙不仅是明末最重要的戏曲理论家之一，而且就其戏曲理论涉及的方面之多而言，可谓是元明两代绝无仅有的舞台艺术理论的多面手⑤。

（作者为闽江学院人文学院教授）

---

① ［明］冯梦龙《墨憨斋重定女丈夫传奇》，明刊本《墨憨斋定本传奇》。
② ［明］冯梦龙《酒家佣》第二十七折《十肆授经》眉批，《墨憨斋详定酒家佣传奇》，《古本戏曲丛刊二集》影印明墨憨斋刊本。
③ 叶长海《中国戏剧学史稿》，上海文艺出版社1986年版，第231页。
④ ［明］冯梦龙《新灌园叙》，《墨憨斋重定新灌园传奇》，明刊本《墨憨斋定本传奇》。
⑤ 叶长海《中国戏剧学史稿》，上海文艺出版社1986年版，第232页。

冯梦龙与苏州"文教"传统

柯继承

摘　要： 苏州厚重的文化底蕴和崇文重教的社会风尚，得益于两套教育体系的相辅相成，一为"精英教育"，一为"市民教育"。后者的代表人物即为明代的冯梦龙。出身于传统士大夫家庭的冯梦龙，眼光敏锐，见解深刻，用以"三言"为代表的通俗文学讲述市井故事，借大众平民喜闻乐见的形式教化百姓，是苏州文教的一个不可或缺的组成部分。

关键词： 苏州　崇文重教　冯梦龙　市民教育

苏州自古人才多，是因为苏州的社会风气，或者说是风尚，有利于人才的产生。苏州的风尚是什么呢？就是重视教育，尊重知识，尊重人才，崇尚文化。

用"文"和"教"来形容苏州人，大概没有人会觉得不妥当。在现代人的地域标签中，苏州就是温润江南的代名词。但是，苏州的社会风气其实并非生来如此。早先，这个地方也是崇尚武力的，在先秦时代的中原人看来，苏州就是个蛮夷之地。诚然，在农耕技术还没全面传到南方来时，苏州人主要以渔猎为生，在严酷的自然条件下，为了生存，披发纹身，手执鱼叉，争勇好斗，比中原人有过之而无不及。虽然泰伯奔吴带来了北方先进的生产方式和治理经验，让苏州的文明渐次发展，但一段时期内，社会风气仍是以尚武为先。先秦时期的苏州人，尤其在民间，推崇的英雄如专诸、要离等，都以武力、武艺著称。

东汉以后，特别是南北大运河开通的隋唐时期，以苏州为中心的江南地区社会经济迅速发展，社会的安定又吸纳了大量外地人才，人们安居乐业，社会教化程度也水涨船高，在此氛围下，读书风气渐渐浓厚，优秀人才不断涌现；反过来，这又促进了社会的繁荣。于是，尊重知识、尊重人才、敬仰德才兼备之士的社会风气渐盛。从宋代开始，在崇文重教、以文"化"人方面，苏州已走在其他地区的前面，直至今天。

在崇文重教漫长的历史过程中，有两位苏州人起到了无可替代的作用，而且影响力之大、辐射面之广，都远远超过了江南的范围。这两位苏州人，一位是北宋前期的范仲淹，另一位则是明代后期的冯梦龙。

范仲淹、胡瑗创办苏州府学的贡献，今人尽知，此不赘述。但如果说范仲淹与胡瑗从事的官学，主要是社会中上层子弟精英教育的话，那么，明代冯梦龙从事的则是社会基层普通市民的文化普及工作。而它，在苏州崇文重教的社会风尚中所起的作用，也是不可或缺的。

民间关于冯梦龙的传说很多，但史书、志书上关于他的记录很少，两者形成了强烈的反差，给人感觉好像是说，冯梦龙的为人做事，让普通百姓感兴趣，所以受到追捧，却不符合主持修史、修志的正统知识分子的价值评判标准，所以被有意无意地忽略了。毋庸讳言，这种感觉是符合历史事实的！我们说冯梦龙是继范仲淹之后，促进苏州形成崇文重教社会风气的又一个了不得的人物，并不是说他在学术上的成就有多高，而是他代表的是和范仲淹截然不同却又同样重要的苏州文教的另一个体系。那就是市井生活、通俗文学中的教化功能。

有意思的是，虽说冯梦龙是市井通俗小说的"大神"，但是他本人却出身于苏州的一个标标准准的士大夫家庭。冯梦龙家族的江南始祖是隋代冯慈明。而再往上溯，《警世通言》序中，称冯梦龙为"陇西君"，冯梦龙自己在《醒世恒言》序里也自称"陇西可一居士"，这就牵涉到冯氏一家的"族望"问题了。所谓"族望"，又叫"郡望"，旧时指某个姓氏，而且通常指大户人家的姓氏原生的发祥、聚集之地。陇西就是冯氏的族望。陇西也就是陇山之西，秦朝的时候设置有陇西郡，隋朝设置陇西县，后来虽然行政区划名时有更改，但是作为地域称谓，却一直沿用了下来。

冯梦龙虽然出生在苏州，但是以陇西为望，这是有根据的。据《冯氏宗谱》，江南冯氏始祖即隋代的冯慈明，是长乐人。长乐郡长乐县为晋代的行政区划，故城在今甘肃省甘南县南，正处于陇山以西，故称"陇西"。"陇西冯氏"旧时是很出名的，苏州另一位历史名人顾野王，取名"野王"，就是因为仰慕梁代名将冯奉世和他儿子冯野王的作为（冯野王妹妹冯媛就是为汉元帝挡熊的冯婕妤）。冯奉世父子先后任陇西太守数十年之久，威震西域，一直到冯野王的孙辈，冯氏家族在陇西还奇才迭出，卓有威信。"陇西冯氏"名驰朝野，梁元帝萧绎有一首诗叫作《藩难未静述怀》，诗中就有"谋出河南贾，威寄陇西冯"之句。可见冯梦龙以陇西为望，不仅有据，而且值得自豪。

冯梦龙的祖父和父亲都是"儒冠中人"，母亲也是吴中士族之女，所以在为冯梦龙兄弟三人取名时，都采用了儒家传统的取名习惯：梦字是辈分，冯梦龙长兄叫冯梦桂，"桂"显然有蟾宫折桂的寓意，而不单是与富贵的"贵"同音；冯梦龙为老二；老三为冯梦熊。龙与熊更与儒家祖述的黄帝和大禹有关。黄帝乘龙化去，大禹化熊治水，所以在儒家乃至整个世俗的观念中，龙与熊都是领袖人物的象征，也都是先民崇拜的图腾。取这样的名字，可见做父母的希望三兄弟都能出人头地。

三兄弟都接受了系统的儒家教育，也都不负期望，各有所成，被人称为"吴下三冯"。特别是冯梦龙，是三兄弟中最为出色的一个，足以称得上是人中之"龙"了。我们知道，道家的始祖老子曾经被孔子称为犹龙，即人中之龙；冯梦龙的字号很多，其中好几个都与龙与老子有关，比方说犹龙、耳犹、龙子犹等，有趣的是，长洲与"龙"是很有些瓜葛的。唐在苏州设长洲县后，长洲县衙内厅上就画有蛟龙，诗人李绅于贞元十九年（803）南游苏州，还专门为之写了《苏州画龙记》，现在我们还可以在《李绅集》中看到这篇文章。而长洲属地，无论城内城外，龙的故事很多，因而有龙字的地名也多。

在这样的家世下，冯梦龙自小接受良好的儒家正统精英教育，如果按正常途径发展下去，他应该成为一名极具修养的、谨身端立的正统封建士大夫。的确，他在 20 岁左右已经通过考试成为生员，也就是我们俗称的"秀才"了，在当时"五十少进士"的人才选拔体系中，20 岁的秀才已经很厉害了。冯梦龙博通经史，被称赞为"罗古今于掌上，寄《春秋》于舌端"，另外，于诗文、书画、诗词、戏剧也是无所不能，在朋友圈中声名日隆，文从简就给了冯梦龙很高的评价，说他"早岁才华众所惊，名场若个不称兄"。但是，此后他再也没能取得更高的功名，他自喻为龙，却始终是"初九潜龙不用"，虽有凌云壮志，却施展无门，直到崇祯三年，也就是明朝灭亡前十四年的 1630 年，57 岁的冯梦龙才被补选为岁贡生。所谓岁贡，是政府定期从各府学、州学、县学中，选拔优秀生源，升入全国最高学府国子监就读，按照岁贡录取的读书人称为岁贡生。明代的岁贡生，通常每年选送一次，它不是按正常科考选送的，有点像现代教育体制中的"保送"性质。冯梦龙以岁贡生的资格，被授以丹徒训导的职位，这是一个县级的副职学官。崇祯七年，也就是 1634 年，61 岁的冯梦龙因才华出众，又被破例升任福建省寿宁县令。在寿宁干满一任后，他于 1638 年八月下旬回到苏州。此后，他再也没有担任公职。1646 年，面对在清兵铁蹄蹂躏下呻吟的江南山水，他不胜悲愤，病逝故里。

冯梦龙是封建社会培育出来的精英，但是他后来的成就与所受教育却形成了巨大的反差，我们可以给冯梦龙贴上一个醒目的标签：精英教育的逆袭者。实际上冯梦龙直到现在仍广为众知，也并不是因为他在科举仕途上的努力，而是因为他在世俗文化方面的成就。

冯梦龙生活于明朝后期的万历至崇祯年间。这个时期，万里之外的西方，文艺复兴正如火如荼；在我们这个儒家道统延续了千年的东方大国，一些"离经叛道"的思想也在逐渐萌芽。思想变革肯定是建立在物质发展基础上的。当时的苏州，已经成为中国经济最为发达的城市，繁荣的工商业让苏州出现了新的市民阶层，形形色色的人在这里汇聚，价值观多元，市场经济活跃。那些封建统治下的种种弊病，光怪陆离的社会百态，给冯梦龙带来强烈刺激与启发，他最终走上了历史赋予他的另一条先行之路，成长为反对封建专制、张扬自由人性的市民阶层的代言人,热心于普及大众教育的伟大通俗文学家。

起先,他寒窗苦读二十年,又在经史上用力最多,正因为功夫下得深,故形成了一些个人的治学心得。他目光敏锐,精力充沛,洞察时弊,结果功名未就,倒是做起了"自由撰稿人"。他总结整理了自己二十余年来在经史及应举方面的文章和心得,结集刊行了一批著作,如《麟经指月》《四书指月》《春秋衡库》等。特别是1620年《麟经指月》的刊布,很受时人推重。麟经即是孔子的《春秋》,为当时学子举业起到指点迷津作用的《麟经指月》,通篇议论风生,对时弊提出独特的改革主张,成为时人习史论文、研习《春秋》极受欢迎的参考书,堪称是真正的"畅销书"了。"自《指月》既出,海内麟经家,人人诵法犹龙先生矣!"诵法就是诵读效法,也就是说,自从冯梦龙《麟经指月》出版后,海内研究《春秋》的,都以这本书为参考书了。由于改革主张和议论多有创见,此书引起了书生学子的强烈反响。

值得注意的是,冯梦龙在这前后约十年时间内,到处会客讲学,主盟结社,与学友们诗文酬唱,许多青年学士纷纷投其门下,拜师学文,穷经学史。冯梦龙还曾数次到湖北麻城游学与讲学。

麻城有什么特别之处呢?原来麻城正是明代反封建进步思想家李贽离经叛道的"异端"思想学说的发源地。李贽1585年迁居麻城后,在麻城龙湖寺著书立说生活近十年,他在那里以惊世骇俗的言行,与封建思想和宋明理学展开了无畏的公开论战。冯梦龙到麻城时,李贽虽然已被封建卫道者迫害致死,但在麻城的影响仍然十分巨大。冯梦龙早在苏州时就已经接触过李氏之学,而且十分认同,来到麻城后,利用各种渠道进一步全面取读民间私藏的李氏著作,深入探究李氏之学。冯梦龙长期生活在苏州这个当时中国经济最为发达的城市,繁荣的工商业让苏州汇聚了文人、商人、小贩、工匠、歌伎、手工业作坊主等各类市民,多元的价值观和活跃的市场经济对封建道统的冲击,以及弊病重生的封建统治,黑幕层层、乌烟瘴气的社会百态,对冯梦龙的刺激与启发都是极为强烈的,这位长期颠簸在科场与市场、政治与经济风浪中的才子,内心已经酝酿着反封建的云团,并迅速从一位才华横溢的传统士子,成长为反对封建专制、张扬自由人性、热心于普及大众教育的伟大通俗文学家。他最终走上了历史赋予他的另一条先行之路,成为新兴阶层即普通市民的代言人。正如前文所说,他不是一般地反对精英教育,而是"逆袭",他并不公开反对学习儒家所谓的经史典籍,而是撰写出版自己对学习经史的心得体会,以全新的时代眼光去评判历史,这在当时具有很强的新闻性。即使在福建寿宁县令任上,作为体制中人,他不仅克己奉公,关心民生,两袖清风,还以花甲之身躯,热心教育,亲自教授。他发现,县中学宫早就破败不堪了,就把自己的积蓄和俸禄都捐出来进行修建。他在《寿宁待志》中记下了这么一段话:"学校虽设,读书者少。自设县至今,科第斩然。经书而外,典籍寥寥,书贾亦绝无至者……自余立月课,且颁《四书指月》,亲为讲解,士欣欣渐有进取之志。"冯梦龙发现寿宁县中教育不振,感到非常不安,着手制定了教育课程,并把自己的《四书指月》作为教育辅导资料,亲自讲解,使得就学的学子精神振作起来,有了进取之心。

　　冯梦龙非常接"地气",对普通市民,特别是社会底层百姓的生活与精神追求十分了解,并有深刻的体会,所以在对所谓正宗的经史进行解说之外,他更是付出巨大的努力,撰写或担纲主编了大量供市井细民阅读的拟话本、长篇说部、小说类书籍,在娱乐大众之余,起到了很好的教化作用,提高了底层百姓的整体素质。这可以说是冯梦龙的一种文化自觉,正如他在《古今小说·叙》中所说,在"劝善惩恶"方面,《孝经》《论语》等四书五经之类的儒家经典,也未必有通俗小说的效果好。在冯梦龙整理了大量通俗文学,其中最广为人知的便是合称"三言"的《喻世明言》《警世通言》与《醒世恒言》。"三言"一共收辑了120个故事,大部分故事都和当时小市民的生活密切相关,在当时显然也有很强的新闻性,其中表现情爱与友谊的,是最动人和最传奇的。冯梦龙巧妙地借助这些故事,表达了小市民的世俗情感和生活理想,同时劝善惩恶,告诫人们要恪守社会道德,不要一味地贪恋财色。

　　例如著名的《杜十娘怒沉百宝箱》,讲的是明万历年间,京师有个名妓叫杜十娘，她一心想要赎身从良，要"从良"，当然要先有个"良人"托付终身，于是她一直暗中留心，看中了一个叫李甲的太学生。赎身成功后，姐妹们纷纷给十娘送去礼物和盘缠。我们读者都知道，这些礼物里有一个百宝箱，是十娘自己积攒的一笔巨资，是她为将来生活做的准备，藏在姐妹那里的。可李甲不知道，他虽然对杜十娘也是真心爱恋，却又生性软弱、自私，他带着杜十娘，又是担心娶个妓女会让父亲生气，被世人嘲笑，又是心疼在妓院里花费出去的银子，一路踌躇，不敢回家。恰巧，他们在路上偶遇一个叫孙富的富家子弟，孙富被十娘的美貌迷住了，就假意请李甲喝酒，劝诱李甲把十娘卖给他，李甲本来就有点后悔带十娘回家，这一下立刻同意了。杜十娘得知自己想要托付终身的良人，一转身就出卖了她，万念俱灰。就在正式交易的时候，她打扮得艳丽逼人，当众打开百宝箱，在众人的惊呼声中，一把一把拿出箱子里价值连城的珠宝往江里扔，最后，怒骂了孙富和李甲后，抱着百宝箱投江而死。

这个故事的影响面非常广，在苏州，被改编成评弹和昆曲，另外电影、电视、京剧、粤剧，都有改编，甚至还被翻译成英文。为什么人们如此喜爱这个故事？不仅因为人们喜爱杜十娘这个聪明美丽又重情重义的女子形象，也不仅因为这个因果报应来得快，来得爽，让李甲这个负心人当场被"啪啪"打脸，更因为这个故事让人们在为十娘的悲剧感叹的同时，会不自觉地反思自己。从这个故事中，士人看到不能轻率交友，妇女看到不能轻付真心，更多人看到的则是违背诺言之后的鸡飞蛋打、人财两空。

另外，还有《蒋兴哥重会珍珠衫》《沈小霞相会出师表》等，都是把那些手工业者、商人、妓女等社会底层的人，或者说市民阶层，作为主人公给予热情的歌颂，并且告诫世人：要安分守己，老老实实做人，那些来路不正的财色会引发杀身之祸。其实这也反映了随着明代江南工商业的日益发达，人们生活日益富裕的同时，滋生了各种贪念，普通市民也易受到各种诱惑的现实。对于压迫者的凶残、贪欲、狡猾、刻薄，冯梦龙则表示了极大的义愤，并赞同抵抗强暴和复仇，如《木棉庵郑虎臣抱冤》《沈小霞相会出师表》等。他用人们喜闻乐见的形式来传达严肃的人文精神，支持了他们以至真至情反对虚伪名教的大智大勇，同时启发着人们主动反思，教导人们守住道德底线，督促人们破除陋习。

"三言"一经问世，就以它独特的魅力占领市场，得到了市民的喜欢和追捧。影响所及，甚至超越国界，享誉海外。这些小说不仅仅是我国文学史上的瑰宝，更重要的是，它们在普及大众教育活动中所起到的无可替代的挑大梁的作用。由此，在讲到苏州崇文重教传统的传承及社会风气的进步与发展时，我们绝不能忽略冯梦龙，他的作用与贡献是封建社会精英教育无法达到的。正因为前有范仲淹、胡瑗，后有冯梦龙等，苏州这个地方的教育体系才变得完整充实，上至文人大夫、下至贩夫走卒才能做到都有坚定的追求、高尚的情怀。不管是精英教育还是市民教育，都能让相应阶层的人懂礼守礼，崇文重教，这是以苏州为代表的江南文化留给中国的一份独特的"遗产"，直到今天仍然值得我们珍视。

（作者为苏州文化学者，本文系在央视《百家讲台》"今古话苏州"讲稿上修改补充而成）

学术焦点

"三言二拍"中的商人世界

简 雄

摘 要：在社会出现重大变革的中晚明，作为小说家言，冯、凌两人的商人叙事实质上是"以商言世"，反映了文人士大夫对当时社会世态的看法。"三言二拍"里的商人，善恶并存，忠奸掺杂，利来息往，有亏有盈，恰如世情一般呈现多样性。"三言二拍"的商人叙事，对于认知中晚明时期的"江南"具有重要的参考价值。

关键词："三言二拍"　冯梦龙　凌濛初　商人

引 言

明天顺八年（1464）正月十七日，明英宗朱祁镇去世，享年三十八岁。当月二十二日，十七岁的皇太子朱见深接皇帝位，第二年，正式改年号为"成化"，大赦天下，并减免田租三分之一。这时，经历了百年风雨的大明朝，已然四海归一，江山稳定。承平日久，东南沃壤，物运丰沛，衣冠殷盛，一派歌舞升平。差不多同时期的苏州书生王锜（1432—1499）见证了江南名城苏州逐渐繁华的历史。几十年里，王锜经常往来苏州城，开始"邑里萧然，生计鲜薄"，后来"咸谓稍复其旧，然犹未盛也"。直到成化年间，才"愈益繁盛"。王锜的这段史料笔记被海内外各种研究著述反复使用：

　　吴中素号繁华，自张氏之据，天兵所临，虽不被屠戮，人民迁徙实三都、戍远方者相继，至营籍亦隶教坊。邑里萧然，生计鲜薄，过者增感。正统、天顺间，余尝入城，咸谓稍复其旧，然犹未盛也。迨成化间，余恒三四年一入，则见其迥若异境，以至于今，愈益繁盛，阛檐辐辏，万瓦甃鳞，城隅濠股，亭馆布列，略无隙地。舆马从盖，壶觞罍盒，交驰于通衢。水巷中，光彩耀目，游山之舫，载妓之舟，鱼贯于绿波朱阁之间，丝竹讴舞与市声相杂。①

成化年间开始显现的这幅"盛世滋生图"，让王锜这位乡下书生对城市生活越来越着迷，他简略回顾了张士诚被朱元璋消灭后苏州遭受的苦难；富户外迁，男人戍边，女人被送进"娱乐圈"。直到休养生息了快一百年，江南富地才重现经济社会繁荣的景象。提供国家年税收十分之一的苏州，逐渐迈向"前现代化城市的顶端"。②

恩格斯在整理马克思《资本论》第三卷手稿时，就"价值规律和利润率"等问题写了两节增补，留下一个著名的论断："现在商人来到了这个世界，他应当是这个世界发生变革的起点。"③明中叶以降，商人渐成势力，出现了许多商帮名贾，尤以徽、晋、洞庭（苏）、齐鲁、湖广、江右、浙、闽、粤、陕等最为著名，史称"十大商帮"。商人阶层的崛起不仅引发了深刻而广远的社会变革，也自然而然进入了文学的视界。以苏州人冯梦龙（1574—1646）的"三言"（《喻世明言》《警世通言》《醒世恒言》）和湖州人凌濛初（1580—1644）的"二拍"（《拍案惊奇》《二刻拍案惊奇》）为代表④，这一时期的市井小说对商人多有描写。据粗略统计，"三言二拍"共二百卷里大大小小的商人形象不下百个，其中，说故事直接发生在本朝的就有六十九篇（不包括"入话"），商人角色有六十多个，其中徽商、洞庭商（苏商）最多，有名有姓的就有三十多个，

---

① ［明］王锜《寓圃杂记》，中华书局1984年版，第42页。
② ［美］林达·约翰逊《帝国晚期的江南城市》，上海人民出版社2005年版，序言、第52页。
③ ［德］马克思《资本论》第三卷，人民出版社1975年版，第1019页。
④ 本文"三言二拍"引文均出自以下版本：《喻世明言》，许政扬校注，人民文学出版社1958年版；《警世通言》，严敦易校注，人民文学出版社1956年版；《醒世恒言》，顾学颉校注，人民文学出版社1956年版；《拍案惊奇》，章培恒整理、王古鲁注释，上海古籍出版社1982年版；《二刻拍案惊奇》，章培恒整理、王古鲁注释，上海古籍出版社1983年版。

且议论精到,浙、闽、粤、陕、晋等商也有涉及,甚至还有海外商人,足可窥见商业已然融入日常社会生活的状况。

四民异业而同道

在社会出现重大变革的中晚明,作为小说家言,冯、凌两人的商人叙事,不过是"以商言世",表明了文人士大夫对炎凉世态的看法。因此,"三言二拍"里的商人,善恶并存,忠奸掺杂,利来息往,有亏有盈,恰如世情一般呈现多样性。但"三言二拍"商人叙事的意义远不止于此。

首先,明清小说已成为学界"社会史研究的新切入点"①。黄仁宇先生甚至这样下结论:

> 吾人以其所叙与其他资料暨历史背景对照,发觉其所提供商人生活及商业组织之情况大都确切,且其叙述绵密,可以补助较正式堂皇历史资料之不足。②

其实,冯梦龙自己在"三言"几篇序言中都谈到了通俗小说与史料的关系。如《警世通言·叙》说:"其真者可以补金匮石室之遗,而赝者亦必有一番激扬劝诱、悲歌感慨之意。事真而理不赝,即事赝而理亦真,不害于风化,不谬于圣贤,不戾于诗书经史,若此者其可废乎!"在《醒世恒言·叙》中又说:"六经国史而外,凡著述皆小说也。而尚理或病于艰深,修词或伤于藻绘,则不足以触里耳而振恒心。""睡乡居士"在《二刻拍案惊奇》序中也说:"其所捃摭,大都真切可据。"

小说面向普罗大众,要将道理说得直指人心,只能通俗易懂地讲好故事。如《醒世恒言》第七卷中说洞庭商人,被许多高头讲章引用:

---

① 王日根《明清小说中的社会史》,中国财政经济出版社2000年版,序言。
② 黄仁宇《从"三言"看晚明商人》,《放宽历史的视界》,生活·读书·新知三联书店2001年版,第32页。

话说两山之人，善于货殖，八方四路，去为商为贾。所以江湖上有个口号，却做"钻天洞庭"。

"钻天洞庭"的小说家言极其简洁、生动、形象。顾炎武分析了"两山之人"为何善于经商的原因。① 例如，说西洞庭人："奥壤稍开阡陌，然广不及山之一二。士人无田可耕，诗书之外，即以耕渔树艺为业。稍有资畜，则商贩荆襄，涉水不避险阻。"说东洞庭人："士喜勤学，累发鼎元。编民亦苦田少，不得耕耨而食，并商游江南北，以迨齐鲁燕豫，随处设肆，博锱铢于四方，以供吴之赋税，兼办徭役。"

值得注意的是，顾炎武提到了士阶层于诗书之外，亦参与经商。事实上，"两山之人"早有出身商人之家的仕宦，如明成化朝官至文渊阁大学士的王鏊（1450—1524）。他们对商人的看法直接来自家庭的感受。明正统四年（1439）的状元施槃，也出身于洞庭经商人家，他为王鏊祖上王敏（字惟贞）写了一篇"阡表"，明确表达了不同于世俗对商人的看法，所谓"泉币货殖亦有国者之当务也"②。

"三言二拍"中就有弃儒从商或由商而士的叙事，如《喻世明言》第十八卷的男主角陕商杨复（小名八老）、《拍案惊奇》卷一的男主角苏州书生文实（字若虚），还有《醒世恒言》第三十三卷的男配角刘君荐，等等。

中国传统社会"士农工商"的所谓"四民"秩序正从明中叶以降发生了急剧变化，这种变化包含了社会观念的嬗变。这是"三言二拍"更值得关注的史学价值。

《醒世恒言》第十七卷入话，说有位"官拜尚书"的贵人，"家财万贯，生得有五个儿子。只教长子读书，以下四子农工商贾，各执一艺"。儿子和朋友们都不理解，老尚书却说出一番世故的道理来：

---

① ［明］顾炎武《天下郡国利病书》，上海古籍出版社2012年版，第538页。
② 顾颉刚《苏州史志笔记》，江苏古籍出版社1987年版，第117页。

世人尽道读书好，只恐读书读不了！
读书个个望公卿，几人能向金阶跑？
郎不郎时秀不秀，长衣一领遮前后。
畏寒畏暑畏风波，养成娇怯难生受。
算来事事不如人，气硬心高妄自尊。
稼穑不知贪逸乐，那知逸乐会亡身。
农工商贾虽然贱，各务营生不辞倦。
从来劳苦皆习成，习成劳苦筋力健。
春风得力总繁华，不论桃花与菜花。
自古成人不自在，若贪安享岂成家！
老夫富贵虽然爱，戏场纱帽轮流戴。
子孙失势被人欺，不如及早均平派。
一脉书香付长房，诸儿恰好四民良。
暖衣饱食非容易，常把勤劳答上苍。

这段长话与其说是"老尚书"说的，不如说是中晚明社会阶层变迁的实情写照。

《二刻拍案惊奇》卷二十九《赠芝麻识破假形　撷草药巧谐真偶》中，官员马少卿对商人蒋生说：

> 江浙名邦，原非异地；经商亦是善业，不是贱流。看足下器体，亦非以下之人。

商人不是贱流，亦非"四民之末"。

《二刻拍案惊奇》卷三十七《叠居奇程客得助　三救厄海神显灵》说的是弃儒从商的徽商程宰（字士贤）的故事，其中对徽州"崇商"风气有两段经典议论：

> 世代儒门，少时多曾习读诗书。却是徽州风俗，以商贾为第一等生业，科第反在次着。
>
> 徽人因是专重那做商的，所以凡是商人归家，外而宗族朋

友，内而妻妾家属，只看你所得归来的利息多少为重轻。得利多的，尽皆爱敬趋奉；得利少的，尽皆轻薄鄙笑。犹如读书求名的中与不中归来的光景一般。

当然，小说家的强项是讲故事，思想的火花还是要交给思想家去点燃。比冯、凌稍早的思想家们已纷纷关注到了社会变革中的阶层变迁，并留下了研究中晚明社会绕不过去的话题，如李贽（1527—1602）的"穿衣吃饭，即是人伦物理"、王守仁（1472—1529）的"四民异业而同道"等。王阳明是为一位弃儒从商的苏州商人写墓表而留下上述观点的：

> 士以修治，农以具养，工以利器，商以通货，各就其资之所近，力之所及者而业焉，以求尽其心。
> 士农以其尽心于修治具养者，而利器通货，犹其士与农也。工商以其尽心于利器通货者，而修治具养，犹其工与商也。故曰：四民异业而同道。①

阳明先生心学这一"异说"，对社会观念变革有着深刻的影响，《明史·儒林传》序言里议论说："嘉、隆而后，笃信程朱，不迁异说者，无复几人矣。"研究表明，冯、凌两位也是"异说"的忠实信奉者和实践者。②

踏遍千山万水，吃遍千辛万苦，道尽千言万语，历尽千难万险，"三言二拍"各自开卷选择的主角都是商人，商人在中晚明的社会生活中搅出了多少风流故事来！

---

① [明]王守仁《王阳明全集》第三册，中国书店2015年版，第203页。
② 郑亮《"二拍"与晚明文化变迁》，齐鲁书社2014年版，第136—139页。

为商之艰

士子攻书农种田,工商勤苦挣家园。《喻世明言》第十八卷抄录古风一篇,单道为商的苦处:

> 人生最苦为行商,抛妻弃子离家乡。
> 餐风宿水多劳役,披星戴月时奔忙。
> 水路风波殊未稳,陆程鸡犬惊安寝。
> 平生豪气顿消磨,歌不发声酒不饮。
> 少资利薄多资累,匹夫怀璧将为罪。
> 偶然小恙卧床帏,乡关万里书谁寄?
> 一年三载不回程,梦魂颠倒妻孥惊。
> 灯花忽报行人至,阖门相庆如更生。
> 男儿远游虽得意,不如骨肉长相聚。
> 请看江上信天翁,拙守何曾阙生计?

李贽的祖上有过从商经历,所以他对商人的为商之艰感同身受:

> 且商贾亦何可鄙之有?挟数万之贾,经风涛之险,受辱于关吏,忍诟于市易,辛勤万状,所挟者重,所得者末。然必交结于卿大夫之门,然后可以收其利而远其害,安能傲然而坐于公卿大夫之上哉!①

《喻世明言》卷一《蒋兴哥重会珍珠衫》,可看作是中晚明商人生活的典型。湖广商人蒋德(小字兴哥),九岁便随父在粤地闯荡,"生意行中,百般都会"。十七岁丧父,蒋兴哥只好离别新婚妻子三巧儿,独自远出谋生。岂料在广东得了疟疾,误了新年归期,真个是"偶然小恙卧床帏,乡关万里书谁寄?"娘子思夫心切,听信算命

---

① [明]李贽《焚书》卷二,中华书局2018年版,第263页。

先生胡言,"一日几遍,向外探望",被也是到湖广经商的徽商陈大郎看中,从此生出一场千回百转的波澜。小说中出现的其他市井人物如薛婆、陈大郎妻平氏,以及知县吴杰等,和早些时候的《水浒传》《金瓶梅》相似,如鲁迅先生所言,这类"明之拟宋市人小说",基本体现了中晚明的社会风貌。①

为了生计远走他乡,因病不能回家甚至客死他乡,生意蚀本、欠账收不回甚至钱财被劫,家里无法照应弄出无数风流债……这些桥段构成了中晚明商人的日常状态。而商人一旦成为主角,此卷小说必定充满传奇色彩。大抵是因为商人行走江湖,阅尽世间所有,本身的经历就为故事创作提供了丰富的素材。

如《喻世明言》第二十八卷《李秀卿义结黄贞女》,说的是南京诚实经商的商人"黄老实",因妻子去世,十二岁的幼女黄善聪没人照顾,不得已女扮男装跟爹爹奔走行商。不料,黄老实在庐州做生意时染上疾病,客死异乡。善聪得到同乡商人李英的照顾,行走江湖,演了一出梁山伯与祝英台式的悲喜剧。

如《警世通言》第五卷《吕大郎还金完骨肉》,说的是常州府无锡县有个姓吕的小户人家,有兄弟三人,老大叫吕玉,先是在太仓、嘉定一带贩布。经商第五年,吕玉偶遇了个有大本钱的布商,布商看中吕玉有生意头脑,就拉他同往山西脱货,带绒货转来发卖,大布商给佣金相谢。吕玉贪了蝇头微利,随着去了。结果到了晋地,正遇荒年,货款收不到,只好滞留当地。吕玉熬不住寂寞,去风月场中行走,走出一身风流疮,三年才好……后面的奇遇和兄弟相恶,都是家里以为他已客死他乡而闹出来的。

身在异乡,一走数年,路途充满险恶,除了自然灾难,水路还有"私商"船家,陆路还有绿林劫道,真所谓"水路风波殊未稳,陆程鸡犬惊安寝"。如《拍案惊奇》卷二十七有一段叙述:

  那苏州左近太湖,有的是大河大洋,官塘路上,还有不测,若是傍港中去,多是贼的家里。

---

① 鲁迅《中国小说史略》,古吴轩出版社2017年版,第132—139页。

《拍案惊奇》卷八《乌将军一饭必酬　陈大郎三人重会》，讲了两个苏州商人王生、陈大郎的行商故事，几乎把商路之险浓缩在一卷故事里了。王生父亲王三郎是个商人，不幸在王生七八岁时夫妻双亡，孤儿王生被婶娘杨氏拉扯成人，子承父业，往江北贩货。不料过江时遭风浪，货船被刮进芦苇荡，只听一阵锣响，财货尽被水盗劫走。第二次往扬州贩布，带了几百两银子，准备再贩些米豆回苏州，却在常州段遇到堵船，仗着是白天，便抄小港北上，竟然又碰到了白日抢！连惯走江湖的船家也长叹一声："世情变了，白日打劫，谁人晓得？"

王生在水路惊心动魄，陈大郎在陆路也遭绿林打劫。幸运的是，山寨头目乌将军落难时得到大郎一顿饭的救助，故事遂以"大团圆"形式结束。

倘若碰到的船家本来就是坏料，那就更加悲惨了。这类故事"三言二拍"里不少，如《警世通言》第十一卷虽讲的是一位苏姓知县上任途中的厄运，道出的也是行路之险。再如《拍案惊奇》卷十一，男主角温州书生王杰，因为喝了点酒与一个湖州买姜小贩争执，被船家讹诈，差点断送性命。《醒世恒言》第五卷《大树坡义虎送亲》入话讲的是福建商人韦德，自幼随父在绍兴开店，并且在当地成了家。后来父亲客死异乡，韦德决定全家扶柩迁回家乡泉州。岂料雇佣的艄公张稍不是善类，惯在河路内做些偷鸡摸狗的勾当。他见韦德拖家带口，囊中充实，便起了歹心，故意借风大难行，骗韦德到一荒山上谋财害命。也是"恶有恶报"，韦德没被砍死，张稍却被山上的老虎吃了。

宣扬传统善恶论，是"三言二拍"讲故事的重要价值观。如路拾财物，原物奉还，后来在自家遭遇不测时，失主正好出现，伸出援手，一番曲折，皆大欢喜。或者别人危难时帮了人一把，如一顿饭、二三两碎银，结果自己性命难料时别人正好来解难……正所谓"善有善报"。这样峰回路转的"大团圆"结局无疑给了普罗大众无限温暖的想象。恰如冯梦龙在《醒世恒言·叙》中解释为什么要取"三言"之名时所说："明者，取其可以导愚也；通者，取其可以适俗也；恒则习之而不厌，传之而可久。三刻殊名，其义一耳。"

情归何处

"男子皇皇求利，轻去其乡，至有数十年不归，子孙不相识，其妻并忘其有夫。"① 这是中晚明徽商家庭的真实写照。但小说需要有一波三折的戏剧化冲突，而"三言二拍"的创作原则是"导愚，适俗，传之而可久"，则"言情"是必须有的重磅素材，是必须有的"以触里耳"的温暖桥段。"三言二拍"中一些家喻户晓的故事大抵离不开一个"情"字，而且不管是苦情、悲情，还是欢情、曲折情，奔走江湖的商人多为重要角色，如《醒世恒言》第三卷《卖油郎独占花魁》中的小商人秦重；《警世通言》第三十二卷《杜十娘怒沉百宝箱》中一掷千金的徽商孙富；还有《警世通言》第二十四卷《玉堂春落难逢夫》中的晋商沈洪，一曲"苏三起解"唱遍九州。

在"宋、元旧种"被冯梦龙的"三言""搜括殆尽"后，凌濛初只能另辟蹊径，"二拍"便以自己源于生活的创作为主，对在江南经商、势力极大的徽商评介就很有史料价值。如《拍案惊奇》卷二十四中说："元来徽州人心情俭啬，却肯好胜喜名，又崇信佛事。"《二刻拍案惊奇》卷十五中又说："元来徽州人有个僻性，是乌纱帽、红绣鞋，一生只这两件事不争银子，其余诸事悭吝了。"

惟信佛、巴结官吏、行走风月场不吝惜钱财，或为为商之艰的心灵慰藉吧。《喻世明言》卷一《蒋兴哥重会珍珠衫》，仍可作为这类故事的典型叙事模本。

却说蒋兴哥为了生计，不得不下狠心离别娇妻三巧儿，南下粤地经商。小两口约定"好歹一年便回，宁可第二遍多去几时罢了"。兴哥到得广东，"旧时相识都来会面"，一路劳累加上饮食不节制，不幸病倒异乡，"眼见得一年回去不成"了。三巧儿思夫心切，返家约期早过，却"不见些儿动静"，不免"一日几遍，向外探望"。这一望便望到了街头来湖广经商的徽商陈大郎。这与《水浒传》中潘金莲对眼西门庆的桥段相似。靠着卖珠子的薛婆牵线，三巧儿最终

---

① ［清］程云鹏《新安女行录》，安徽师范大学出版社2018年版，第83页。

难熬长夜寂寞，红杏出墙。但陈大郎也是商人，"蹉跎了多时生意，要得还乡"。离别时，三巧儿竟拿出一件"蒋门祖传之物"珍珠衫送给陈大郎"做个记念"。岂料陈大郎在苏州脱货时巧遇蒋兴哥，珍珠衫便引出下半场故事，竟把两个商人家庭搅做一团。陈大郎在经商途中遭遇劫匪，病死异乡。吴知县做主，陈妻平氏戏剧般地嫁给蒋兴哥为正房，三巧儿还给兴哥，反成偏房。冯梦龙在终局时以诗表达了他的"因果报应"观："恩爱夫妻虽到头，妻还作妾亦堪羞。殃祥果报无虚谬，咫尺青天莫远求。"可以说，吴知县的形象刻画，也寄托了冯梦龙自身的为官经历。

且看它"无徽不成镇"，背后却是多少辛酸泪！清人汪洪度《新安女史征》记录了两则徽商"节妇事"①：

> 闻吾乡昔有夫娶妇，甫三月，即远贾。妇刺绣为生，每岁积余羡，易一珠以纪岁月。曰："此泪珠也。"夫还，妇殁已三载。启视其箧，积珠已二十余颗。

> 又有少妇思夫病殁，遗诗一册，鼠啮几尽，中有随某母看红叶诗，仅存"隔溪灯火起，愁杀夜归人"二语。

商妇的艰辛痛苦比商人更甚，因为她们的头上还高悬着一把叫"封建礼教"的道德之剑，使她们只能在等待和寂寞相思中度过似水年华……而商人们虽为生计奔走四方，却常常还"情系两地"，闹一出所谓的"两头大"。《喻世明言》第十八卷《杨八老越国奇逢》借檗妈妈的话对这种社会现象有一番"见解"：

> 杨官人，你千乡万里，出外为客，若没有切己的亲戚，那个知疼着热？如今我女儿年纪又小，正好相配官人，做个"两头大"。你归家去有娘子在家，在漳州来时，有我女儿。两边来往，都不寂寞，做生意也是方便顺溜的。老身又不费你大钱大

---

① ［清］汪洪度《新安女史征》，安徽师范大学出版社2018年版，第158页。

钞,只是单生一女,要他嫁个好人,日后生男育女,连老身门户都有依靠。就是你家中娘子知道时,料也不嗔怪。多少做客的,娼楼妓馆,使钱撒漫。这还是本分之事。

有学者在研究当时的这种社会现象时指出:"一夫多妻制度在过去的有钱阶层中不足为奇,只是这种'两头大'婚姻现象却是商人阶层中所特有的。它的产生既与商人的流动性生活有关,又以商人雄厚的经济实力为基础。"① 乡关万里,情归何处?发财、艳遇和贵人相助,组成了中晚明商人的梦想世界。

漂洋过海

中晚明商人叙事中,还有一个与时代紧密关联的特殊话题,那就是沿海倭患和海外走私贸易。经过学界不懈努力,这段史学公案基本尘埃落定:一是明初朱元璋三番五次严令的"海禁"政策到晚明基本废弛;二是沿海倭患中大部分"倭寇"都是对抗政府海禁政策的中国走私商人集团。② 尽管隆庆元年(1567)政府放开所谓的"海禁"政策,还有待更多史料确证,但"三言二拍"中有两卷故事可以为这段历史佐证。

《拍案惊奇》卷一《转运汉遇巧洞庭红 波斯胡指破鼍龙壳》,说的是明朝家住苏州阊门外的书生文实(字若虚),因家境逐渐衰落,便弃儒从商,"却又百做百不着"。譬如到北京贩扇子,请出"吴门四家","搨了几笔,便直上数两银子",结果北京当年偏偏阴雨连绵,不仅扇子卖不掉,扇上胶墨还粘做一块,弄得血本无归。没奈何,邻居张大、李二等四十余人邀他随同去做海外贸易,送了他一两银子,本是看文若虚有文化,"在船中说说笑笑",聊解寂寞而已。文若虚便将这银子买了苏州东西洞庭山产"洞庭红"橘子百

---

① 邵毅平《文学与商人:传统中国商人的文学呈现》,上海古籍出版社2010年版,第216—217页。
② 复旦大学樊树志先生在《晚明大变局》中,用整整一章的篇幅,对这些问题做了令人信服的研究。见中华书局2015年版,第9—80页。

余斤,本意是途中解渴。岂料到了吉零国,"洞庭红"大受欢迎,竟赚了个一本万利。

"洞庭红"橘种为东西山特产,久已闻名。清人王维德《林屋民风》录《本草》云,橘非洞庭不香。又宋人方勺《泊宅编》载,洞庭橘极难种,凡橘一亩,而培治之功数倍于田。①

再说文若虚他们在异国交易完毕,"烧了神福,吃了酒",扯帆回程。不料归途遇风浪,漂到一座荒岛上。文若虚上岛闲走,意外发现一只罕见鼍龙壳,"却便似一张无柱有底的硬脚床"。到得福建,入住一波斯商人开的大旅店中。那波斯商人识货,以五万两纹银买下鼍龙壳,并一定让文若虚签了买卖合同,才说出鼍龙壳的珍贵。原来那鼍龙壳有二十四肋,脱壳后肋节内有珠,唤做"夜明珠"。文若虚虽让波斯商人讨了便宜,但自己也一举成富。小说对中晚明商业的描述多有细节,如海客归国经福建,当地已形成了庞大的服务业,"才住定船,就有一伙惯伺候接海客的小经纪牙人攒将拢来,你说张家好,我说李家好,拉的拉,扯的扯,嚷个不住"。这情景很像现在各地车站码头拉客的景象。波斯大店则是当下的外商独资星级大饭店无疑。关于波斯商人在中国经商的事,在《二刻拍案惊奇》卷三十六《王渔翁舍镜崇三宝　白水僧盗物丧双生》中也有记述。

文若虚的故事发生在成化年间,至少说明当时去海外贸易的商人不少,而且并没有避谈政府"海禁"的意思。

《喻世明言》卷十八《杨八老越国奇逢》说了一段弃儒从商的陕商杨复(小名八老)的奇事。小说反复强调故事发生在元代,实质讲的就是嘉靖年间倭患之事。如黄仁宇先生就认为:"将嘉靖间倭寇事迹,讳称元代,显系避免评议当日政府。"②

杨复故事的信息量极大,先是引出八老是弃儒从商,"年近三旬,读书不成",而"祖上原在闽、广为商",因此决定继承祖业,往闽地经商。到达漳州后即被房东檗妈妈看中,把女儿嫁给他做了"两头大",还生了孩子,姓了女方的姓。一晃三年,八老"思想故

---

① [清]王维德《林屋民风》,上海古籍出版社2018年版,第209页。
② 黄仁宇《从"三言"看晚明商人》,《放宽历史的视界》,生活·读书·新知三联书店2001年版,第6—7页。

乡妻娇子幼", 还要追讨欠账, 便离开漳州, 却途中遭遇倭寇, 被劫去日本国长达十九年。真是"异国飘零十九年, 乡关魂梦已茫然"。恰逢日本灾荒, 八老等十三个中国人被充做倭人回到中国沿海劫掠, 遭中国官兵痛击被俘。而领兵军官的随从正是八老十九年前在闽中散失的小仆。更具戏剧性的是, 官司判到绍兴府, 那郡丞杨世道正是八老陕西老家的大儿子, 而太守檗世德恰是八老漳州家的小儿子, 一家人终于骨肉团聚。

杨八老的故事编得虎头蛇尾, 但无疑印证了学界对嘉靖倭患的研究结论。樊树志先生分析了三点原因: 其一, 倭寇中确有日本人, 即小说中说的"真倭"; 其二, 走私商人故意混淆视听, 即小说中杨复这类"假倭"; 其三, 沿海平倭将领假冒战功以领赏。① 凌濛初更是借文若虚的海外贸易致富, 为普罗大众漂洋过海提供了足够驰骋的梦幻空间。

资本的出路

刻画商人当然需要细节, "三言二拍"里大量对商人生活细节的描写, 无疑透露了中晚明社会商业发展的具体情况, 如现银交易、解铺放贷、商业合同、弃儒从商, 不仅已有海外贸易, 还有外商来中国经营。本文最后试从"资本的出路"视角来分析"三言二拍"中商业资本的走向, 进而探讨中晚明社会为何没能转型出现新的生产方式。

一是经商置田, 资本停摆。一般认为, "三言二拍"创作的年代, 江南已出现所谓的"资本主义的萌芽"。城镇家庭手工业极其发达, 呈现出一派繁荣景象。如至今号称"东方第一绸都"的苏州盛泽镇在当时已十分了得, 《醒世恒言》第十八卷《施润泽滩阙遇友》中对盛泽有一段诗文并茂的描写:"说这苏州府吴江县离城七十里, 有个乡镇, 地名盛泽, 镇上居民稠广, 土俗淳朴, 俱以蚕桑为业。男女勤谨, 络纬机杼之声, 通宵彻夜。那市上两岸绸丝牙行, 约有

---

① 樊树志《晚明大变局》, 中华书局2015年版, 第42页。

千百余家,远近村坊织成绸匹,俱到此上市。四方商贾来收买的,蜂攒蚁集,挨挤不开,路途无伫足之隙;乃出产锦绣之乡,积聚绫罗之地。江南养蚕所在甚多,惟此镇处最盛。"大约对家乡的这等景况太熟悉了,冯梦龙犹觉意犹未尽,又录古风一篇:

> 东风二月暖洋洋,江南处处蚕桑忙。
> 蚕欲温和桑欲干,明如良玉发奇光。
> 缲成万缕千丝长,大筐小筐随络床。
> 美人抽绎沾唾香,一经一纬机杼张。
> 咿咿轧轧谐宫商,花开锦簇成匹量。
> 莫忧八口无餐粮,朝来镇上添远商。

尽管小说家言有虚构夸大的成分,但这类议论已具有研究中晚明社会变迁的史料价值。

小说的男主角施复是明嘉靖年间一位苏州商人,他和娘子喻氏开了个家庭机户作坊,"本钱少,织得三四匹,便去上市出脱"。后来因为拾金不昧,善有善报,家庭作坊逐渐扩大,"不上十年,就长有数千金家事。又买了左近一所大房居住,开起三四十张绸机,又讨几房家人小厮,把个家业收拾得十分完美"。

施复的故事是当时江南家庭手工业发展的真实情景。如生活在同时期的浙江士大夫张瀚,祖上经商,他这样描述道:

> 余尝总览市利,大都东南之利,莫大于罗绮绢纻,而三吴为最。即余先世,亦以机杼起,而今三吴之以机杼致富者尤众。①

海外学者卜正民先生分析说:"除了生产家用粗布之外,江南的纺织者很少有人从原始纺织原料一直生产到制成品。"②撇开生产关系

---

① [明]张瀚《松窗梦语》,中华书局1985年版,第85页。
② 卜正民《纵乐的困惑》,方骏等译,生活·读书·新知三联书店2004年版,第220页。

的纠缠,家庭手工业家家户户独立生产的方式并不是工业资本的运营方式,而依然与"耕读世家"的传统理想有关。上世纪50年代,傅衣凌先生在《明清时代商人及商业资本》一书中,对此分析说:"我屡说过中国商人的来源,多来自农村,并且以小商人居多。他们稍有所积,便相率归里养老,所谓'富贵不归故乡,犹如衣锦夜行',实代表了中国地主阶级的意识。"① 小说最后也是说"施复之富,冠于一镇。夫妇二人,各寿至八十外,无疾而终",一派"耕读世家"的传统终极场景。"三言二拍"有不少发财后回乡购置土地而成为工商地主的故事,如《拍案惊奇》卷十五中陈秀才的梦想就是"或开个铺子,或置些田地,随缘度日,以待成名";《警世通言》第二十五卷中弃儒从商的桂富五,读书不成,将祖上田产抵押去经商又蚀本,后得别人巨额"窖藏",又去购置田产;《醒世恒言》第七卷中的西洞庭财主高赞,贩米致富,家乡有田产,城里开当铺,又一心想让女儿"定要拣个读书君子"。高赞的叙事,可看作中晚明社会对资本出路的理想描绘。

将拥有土地作为终极目标,不仅使本来应该流通扩大再生产的资本停摆,而且阻滞新生产方式的形成,并成为出现社会周期性震荡的主要因素。

二是奢侈消费,挥金如土。中晚明江南地区的奢靡风气是出了名的。易代时张岱的《陶庵梦忆》、余怀的《板桥杂记》等道尽了晚明的浮华。而"三言二拍"由于"剧情"的需要,把商人挥金如土的场景集中在了风月场。如《喻世明言》第一卷中的徽商陈大郎,为了把三巧儿弄到手,不惜花费千金巨款,回家还对娘子平氏谎称做生意蚀了本;《警世通言》第二十四卷《玉堂春落难逢夫》中有"数万本钱"的晋商沈洪,花二千两银子买下玉堂春;《警世通言》第三十二卷《杜十娘怒沉百宝箱》中的徽商孙富,为从李甲手中买下杜十娘,"即将一千两白银,送到公子船中";即使是《醒世恒言》第三卷中那位小商贩卖油郎秦重,只为了见一下"千金身价"的花魁娘子,也花了起早贪黑拼命做生意攒下的十两银子;还有

---

① 傅衣凌《明清时代商人及商业资本》,人民出版社1956年版,第36页。

《拍案惊奇》卷二中的工商地主吴大郎,花八百两银子骗娶商妇姚滴珠为外室,后来东窗事发,又花费无数,"上下使用,并无名字干涉,不致惹着,朦胧过了"。

凌濛初在《二刻拍案惊奇》卷二十八中,借商人之口表达了商业资本的无奈:"而今总是混账的世界,我们又不是甚么阀阅人家,就守着清白,也没人来替你造牌坊,落得和同了些。"

三是仇富心理,银子窖藏。"为富不仁"是中国传统社会对商人的一般看法。凌濛初在《二刻拍案惊奇》卷三十三中很幽默地表达了相同的观点:

大凡富人,没有一个不悭吝的。惟其看得钱财如同性命一般,宝惜倍至,所以钱神有灵,甘心跟着他走。若是把来不看在心上,东手接来西手去的,触了钱神嗔怒,岂肯到他手里来?故此非悭吝不成富家,才是富家一定悭了。

《拍案惊奇》卷十五《卫朝奉狠心盘贵产　陈秀才巧计赚原房》,可以说是对徽商操控典当业最典型的嘲讽。故事说的是开当铺的徽商卫朝奉如何乘人之危占人房产的故事。小说中用了大段篇幅描写开当铺是如何赚黑心钱的:

却说那卫朝奉平素是个极刻剥之人。初到南京时,只是一个小小解铺,他却有百般的昧心取利之法。假如别人将东西去解时,他却把那九六七银子充作纹银,又将小小的等子称出,还要欠几分兑头;后来赎时,却把大大的天平兑将进去,又要你找足兑头,又要你补匀成色,少一丝时,他则不发货。又或有将金银珠宝首饰来解的,他看得金子有十分成数,便一模二样,暗地里打造来换了;粗珠换了细珠,好宝换了低石。

卜正民议论说:

徽商所积聚的财富及其商业交易的势力范围,为他们带来了不少社会关注,但并非所有这些都是值得羡慕的。一般平民心目中的徽商形象,是那些与人争辩不已而且挥霍重金、携妓猎色的贪婪典当商。不管这一形象如何扭曲,徽商的确操控了典当业。①

社会仇富心理也会阻滞资本扩张,加之中国社会的周期性震荡,把银子深埋地下,成为"臣民"聚财以防不测的重要选择。所以,老屋大树下或者"神仙托梦"送财的故事一直在民间流传。"三言二拍"中也不少,如《警世通言》第二十五卷中的施家祖上生怕后辈萧索,"乃密将黄白之物,埋藏于地窖中"。果然,后来施家衰落到卖祖屋的地步,却意外发现了祖传"窖藏";再如《警世通言》第三十一卷中,赵春儿为了让败家子丈夫改邪归正,"将十五年常坐下绩麻去处"埋下千金,以备不测;再如《拍案惊奇》卷八中的王生,在劫匪丢弃的麻包里发现了巨额银子;等等。这类小说家言,虽寄托了普罗大众幻想飞来横财的美梦,但"不露富""窖藏"确实是传统社会的财富观念。清末民国初陈去病议论徽商衰落的原因时就提道:

> 然徽人谓曾国藩驻师祁门,纵兵大掠,而全郡窖藏一空,故至今谈湖湘者,尤为切齿。②

四是巴结官吏,捐纳捐监。商人固然有钱,但富人并不都是商人,譬如后来的民谣"三年清知府,十万雪花银"便道出了这一区别。"三言二拍"故事中到处都需"打点",交易要,诉讼要,通关要……少则几十两,多则几百上千两,真所谓"受辱于关吏,忍诟于市易"。置办了田产也不安宁,如《警世通言》第二十五卷中那位桂富五,虽当了地主,却"因田多役重,官府生事侵渔,甚以为苦"。所以,很多人为了生计弃儒从商,而发财后还是千方百计想花

---

① 卜正民《纵乐的困惑》,方骏等译,生活·读书·新知三联书店2004年版,第138页。
② 陈去病《五石脂》,江苏古籍出版社1999年版,第326页。

钱跻身缙绅行列，仅《警世通言》中的纳粟监生就有好几个，如第十七卷中的"钝秀才"马任，第二十四卷中与沈洪娘子皮氏通奸的赵昂，第三十二卷中买下杜十娘的徽商孙富，等等。明人余继登记录了成化朝礼部一则公文，反对纳监：

> 成化时，礼部言："学校端本澄源之地，孟子切切于义利之辨，诚恐学者利蠹其心也。近年学校生员，听令纳马纳牛纳草纳米入监，殊非教养本意。且前代虽有纳粟补官之法令，而不用以补士子，为士子者知财利者可以进身，则无所往而不谋利，或买卖，或举放，或取之官府，或取之乡里，视经书如土苴，而苞苴是求；弃仁义如敝屣，而货财是殖。士心一蠹，则士气士节由此而丧，他日致用，何望其能兴治有补于国家哉！"①

而从现实情况来看，这是真正的一纸空文。

中晚明商人阶层的崛起，搅动了浮华的社会生活。但浮华搅动的仅仅是浮华，如同一座没有制度根基的海市蜃楼，或更像一个七彩的泡沫，在极尽浮夸之后，留下的仅仅是一个浮华的美梦。真所谓："天下熙熙，皆为利来；天下攘攘，皆为利往。"冯梦龙看得真切，在《醒世恒言》第九卷里，单用四句诗说那世情：

> 世事纷纷一局棋，输赢未定两争持。
> 须臾局罢棋收去，毕竟谁赢谁是输？

（作者为苏州日报报业集团社长，苏州大学兼职教授）

---

① ［明］余继登《典故纪闻》，中华书局1981年版，第256—257页。

冯梦龙小说编纂"三教"思想略说

周瑾锋

摘　要：冯梦龙作为明代小说编纂出版史上的重要作者，在其编纂的小说作品中充分寄予了他的文学、文化观念，而"三教"思想即是其中的重要方面。冯梦龙的"三教"思想以儒家为中心，以释道为辅助，而将对"人情物理""情理统一""通俗易懂""导愚适俗"的提倡贯穿其中，并成为冯梦龙小说编纂的中心思想。这种直面社会人生、启迪人心的编纂思想直到今天仍然值得我们借鉴。

关键词：冯梦龙　小说编纂　思想观念　儒释道

冯梦龙生活的晚明时期的思想界十分活跃，各家理念与观点汇集争鸣，其中儒释道"三教"的合流趋势是值得注意的现象，这种趋势对冯梦龙的思想产生了关键性的影响，渗透到他的学术、文学创作与编纂活动中。冯梦龙作为明代颇具影响力的编辑出版家，不同于其他文化学者仅仅将刊刻图书作为业余行为，其对于编辑出版事业十分看重，曾花费大量精力投入编辑出版实践中，并且在长期的出版实践中逐渐形成了一套编辑思想体系。作为一位职业编辑家，冯梦龙一方面有着敏锐的市场意识，其编纂的大部分作品都具有通俗浅显的特点，以迎合广大的市民读者的阅读趣味，另一方面，冯梦龙又深受传统思想的浸润，其早年也研读经史，投身科场①，具有很强的社会责任感。因此，虽然冯梦龙在仕途上遭遇挫折，其仕进

---

① 冯梦龙在《麟经指月·发凡》中云："不佞童年受经，逢人问道，四方之秘策，尽得疏观，廿载之苦心，亦多研悟。"其弟冯梦熊亦云："余兄犹龙，幼治《春秋》，胸中武库，不减征南。居恒研精覃思，曰'吾志在春秋'。墙壁户牖，皆置刀笔者，积廿余年而始惬。"（《麟经指月·序》）

的抱负无法施展，不得已走上以卖文、编书谋生的道路，但他仍通过自身的学养与才华来影响社会，导愚适俗的思想始终没有泯灭，这种高度关怀社会的意识在其对"三言"的命名"喻世""醒世""警世"中即可见一斑。

上文所提到的冯梦龙利用编辑活动传递其思想观念，从而影响社会、引导大众的做法，在其通俗文学的编纂中尤为明显，其中就包括了小说的编纂。在冯梦龙编创的文学作品中，小说是非常重要的部分，其中白话小说部分有长篇历史演义《新列国志》《新平妖传》，此外就是著名的话本小说集"三言"。在笔记小说编纂方面，冯梦龙也涉猎颇多，现存由其编纂的笔记小说集有《古今谭概》《笑府》《智囊》《智囊补》《太平广记钞》《情史》等数种。在这些小说的编辑出版过程中，冯梦龙通过对材料的选择与改写、类目的设置与编排、内容的评述（包括序跋与评点）等方式表达其思想观念，这些思想观念中既有其早年接受的儒家思想，也掺杂了不少当时流行的释道思想。因此，冯梦龙对小说的编纂也成为传递其"三教"思想的体现。

一、"情"与"理"对立统一

晚明思潮中影响最大的当属王阳明创立的"心学"以及李贽的"童心说"，前者主张"致良知""心即理"，强调"知行合一"，后者追求"赤子之心"和"绝假存真"。"心学"与"童心说"有一个共同的倾向，即肯定人情物理，尤其重视"情"。这种"情"真实无伪，反对不合理的封建礼教对自然真情的压制。受到王阳明"心学"以及李贽自然人性论的影响，冯梦龙在《情史》中提出了系统的"情教"说。冯梦龙认为，情是万物的本源，将"情"提升到"道"的高度，"天地若无情，不生一切物。一切物无情，不能环相生。生生而不灭，由情不灭故。四大皆幻设，惟情不虚假。有情疏者亲，无情亲者疏。无情与有情，相去不可量。我欲立情教，教诲诸众生"①。冯梦龙的"情"指普通民众在日常生活中自然流露的情感，不仅包含男女之情，还包括亲情、友情。冯梦龙希望在编纂小说的过程中能够通过人伦日用等与普通民众密切相关、喜闻乐见的故事来唤醒民智，即"致良知"，也想通过人情故事来歌颂真情，即"以情导愚"。他在《情史》序中云："尝欲择取古今情事之美者，各著小传，使人知情之可久，于是乎无情化有，私情化公，庶乡国天下，蔼然以情相与，于浇俗冀有更焉。"又云："子有情于父，臣有情于君。推之种种相，俱作如是观。万物如散钱，一情为线索。"②这里"情"成为维系人际关系、增进人际和谐的良药，因为有了情的调和，父子、君臣等传统伦理中对立的关系得以消融，传统礼教有了情的注入，变得不再冷漠与刻板，而有了浓浓的人情味。

"情教"说对程朱理学所标榜的"存天理，灭人欲"无疑有很大的冲击，然而这并不意味着冯梦龙是儒家的反叛者，他并非将"情"与儒家伦理道德作完全的对立，而是试图将两者统一起来，"自来忠孝节烈之事，从道理上做者必勉强，从至情上出者必真切。夫妇其最近者也。无情之夫，必不能为义夫；无情之妇，必不能为节妇。世儒但知理为情之范，孰知情为理之维乎？"③ 冯梦龙着眼于情感的社会教化功能，其与儒家只有方法的区别，而最终目的是一致的，其所编"三言"也不全然倡"情"而置传统伦常而不顾，无论是六经史传还是通俗演义，其目的都是一致的："归于令人为忠臣，为孝子，为贤牧，为良友，为义夫，为节妇。为树德之士，为积善之家。"④ 明确指出"以《明言》《通言》《恒言》为六经国史之辅"⑤。有论者就指出冯梦龙提出的"情教"，"就是要创立一种与

---

① ［明］冯梦龙《情史·龙子犹序》，《冯梦龙全集》第 7 册，凤凰出版社 2007 年版，第 1 页。
② ［明］冯梦龙《情史·龙子犹序》，《冯梦龙全集》第 7 册，凤凰出版社 2007 年版，第 1 页。
③ ［明］冯梦龙《情史》，《冯梦龙全集》，第 7 册，凤凰出版社 2007 年版，第 36 页。
④ ［明］冯梦龙《警世通言·叙》，《冯梦龙全集》第 2 册，凤凰出版社 2007 年版，第 663 页。
⑤ ［明］冯梦龙《醒世恒言·叙》，《冯梦龙全集》第 3 册，凤凰出版社 2007 年版，第 1—2 页。

佛教、道教一样的宗教"，"主情则是情教教义，让世人虔诚信奉"①，就是说"情教"是一种"以情教义"的宗教。这一"情教"试图利用"情"来感化、教化大众，提高大众的思想道德素质，最终达到改造社会、振衰起弊的目的。这一调和情与理的思想与同时期将情理对立的做法有所不同，如汤显祖也是"尊情"说的倡导者，而他认为情与理是彼此排斥、不可调和的："理有者情必无，情有者理必无。"②又其《牡丹亭记题词》云："第云理之所必无，安知情之所必有邪。"③冯梦龙一方面充分肯定和赞美"情"，另一方面又认为基本的伦理纲常仍然有存在的必要，以维护基本的社会秩序，从而弥合"情"与"理"之间的裂痕。由此看来，冯梦龙所谓的"情"不是没有任何节制，一味追求情欲的宣泄、感官的刺激，违背一般社会公序良俗的皮肤滥情，而是有利于人伦和谐、社会安定、合乎礼义的"仁爱之情"，即传统儒家所谓的"发乎情，止乎礼义"。这一思想在冯梦龙编纂的小说作品中多有体现，如《古今小说·蒋兴哥重会珍珠衫》开头引用《西江月》词一首，其目的是"劝人安分守己，随缘作乐，莫为酒、色、财、气四字，损却精神，亏了行止"④。在《情史》和"三言"中，冯梦龙用大量笔墨描绘男女爱情，赞美男女之间真挚纯洁、至死不渝的爱情，谴责负心薄幸的丑恶行为。与此同时，冯梦龙对那些以"情"为名的淫荡行为也进行了批判，如《醒世恒言·赫大卿遗恨鸳鸯绦》这篇是告诫那些"淫色自戕"之人的，文中赫应祥专好声色，到处卖弄风流，最终在尼姑庵淫欲无度，一命呜呼；又如《醒世恒言·汪大尹火焚宝莲寺》中描写宝莲寺僧人诱骗妇女淫乱，终至命丧黄泉，《警世通言·蒋淑真刎颈鸳鸯会》描写蒋淑真因淫乱而害人害己，《醒世恒言·金海陵纵欲亡身》和《醒世恒言·隋炀帝逸游召谴》两篇描写身为帝王的完颜亮和杨广因荒淫无道、贪图逸乐而身死国亡。在这些篇目中，

---

① 傅承洲《"情教"新解》，《明清小说研究》2003年第1期。
② ［明］汤显祖《寄达观》，《汤显祖集》，上海人民出版社1973年版，第1268页。
③ ［明］汤显祖《牡丹亭记题词》，《汤显祖诗文集》，上海古籍出版社1982年版，第1093页。
④ ［明］冯梦龙《古今小说》，《冯梦龙全集》第1册，凤凰出版社2007年版，第1页。

冯梦龙批判了滥情纵欲的行为，评道："何况渔色不休，贪淫无度，不惜廉耻，不论纲常！若是安然无恙，皇天福善祸淫之理，也不可信了。"① 期望男女皆成端士淑女，并对读者发出呼吁："惟愿率土之民，夫妇和柔，琴瑟谐协，有过则改之，未萌则戒之，敦崇风教，未为晚也。"② 总之，冯梦龙在编纂小说的过程中，既有借小说张扬真情、肯定人性，以对抗不合理的纲常礼教的一面，也显示出维护优良的传统道德、建立和谐的社会秩序的责任感，体现了"情"与"理"的对立统一。

二、崇儒而不废释道

在晚明的思想格局中，儒释道三教早已呈融合之势，三者中仍以儒家为主导，占据绝对的中心地位，与此同时，释道二教也借助官方的支持和民间的信仰继续发展壮大，自觉地依附于儒家，吸收儒家思想中有益的成分，同时也反过来影响儒家思想，以阳明心学、李贽"童心说"为代表的晚明思想就受到禅宗思想的影响。在冯梦龙的思想中，儒释道三家都有涉及，而儒家是基础。他在少年和青年时期，将主要精力用于攻读经史："不佞童年受经，逢人问道，四方之秘策，尽得疏观，甘载之苦心，亦多研悟。"③ 其撰写的《麟经指月》《春秋衡库》《四书指月》等著作即是其"治经"的成果。站在儒家的立场上，冯梦龙并未一概否定释道二教，而是从移风易俗，有助于世道人心的角度利用之，使之成为儒家的辅助。在《三教偶拈·序》中，冯梦龙较为系统地论述了"三教"观："余于三教概未有得，然终不敢有所去取。其间于释教吾取其慈悲，于道教吾取其清净，于儒教吾取其平实。所谓得其意皆可以治世者，此也。"④

---

① ［明］冯梦龙《醒世恒言》，《冯梦龙全集》第3册，凤凰出版社2007年版，第471页。
② ［明］冯梦龙《警世通言》，《冯梦龙全集》第2册，凤凰出版社2007年版，第587页。
③ ［明］冯梦龙《麟经指月·发凡》，《冯梦龙全集》第17册，凤凰出版社2007年版，第1页。
④ ［明］冯梦龙《三教偶拈·序》，《冯梦龙全集》第10册，凤凰出版社2007年版，第2页。

由此可见其三教并存的主张。这在《太平广记钞》中也有所表现，此书由《太平广记》删编而成，对原书的类目作了合并删减，删减之后的类目中，释道人物占有相当比重，如在开头分别有"仙""女仙""道术""异僧""释证""报恩"等类，与儒家有关的"名贤""廉俭""器量"等类则排在之后，可见作者对释道的重视。在对内容的评点中，冯梦龙也提出了"三教不妨并存"①的主张。冯梦龙重视释道二教的劝善功能，如在"老子"条篇末评点道："安息国者，喻身心休歇处。黄金还汝，欲以金丹度之，非顽金也。'不能忍'三字，极中学道者之膏肓。所以不能忍者，由贪财好色故。阅《神仙传》等书，须知借文垂训，若认作实事，失之千里。"② 批判了世人之贪财好色者，同时指出《神仙传》这类道教书虽不可信，但也可以"借文垂训"。在冯梦龙所编纂的白话小说中，涉及释道二教的作品也不在少数。以"三言"为例，据统计，其涉及僧道人物的作品比重较大，其中涉及僧尼形象的作品有 28 篇③，涉及道士形象的作品有 41 篇④。这些作品里的僧道人物有主角也有配角，有正面人物也有反面人物，作者对他们有褒有贬，对传递作者的思想观念具有重要作用。除了涉及僧道人物的作品外，在叙述中渗透佛教、道教思想的作品数量更多，如有论者称"三言二拍"中"几乎每篇小说都涉及了因果报应思想"⑤。佛教思想除了因果报应思想外还有轮回思想、地狱观念、观音信仰等，道教思想主要是以修道成仙、长生不老为核心的神仙思想。

需要指出的是，冯梦龙仅仅视释道二教为辅助，而不能喧宾夺主，无论是笔记小说还是"三言"，其对佛道二教的吸纳，宗旨并不

---

① ［明］冯梦龙《太平广记钞》，《冯梦龙全集》第 9 册，凤凰出版社 2007 年版，第 1106 页。
② ［明］冯梦龙《太平广记钞》，《冯梦龙全集》第 8 册，凤凰出版社 2007 年版，第 2 页。
③ 徐金金《"三言二拍"中的僧尼形象研究》，山西师范大学硕士学位论文，2012 年，第 5—8 页。
④ 沈媛媛《"三言"中的涉道作品研究》，重庆师范大学硕士学位论文，2016 年，第 9 页。
⑤ 姜良存《三言二拍与佛道关系之研究》，曲阜师范大学博士学位论文，2012 年，第 21 页。

同于僧人、道士宣扬自家教义，扩大影响，最终目的还是归结于"劝善惩恶"，而"劝善惩恶"正是儒家思想的重要观念之一。冯梦龙在《醒世恒言·叙》中明言："以二教为儒之辅可也。以《明言》《通言》《恒言》为六经国史之辅，不亦可乎？"① 因此，在儒释道三教思想中，占据核心地位的仍然是儒家思想，佛道二教思想只是处于辅助地位。在"三言"涉及佛道的作品中，大部分是将佛道本身的思想如报应、轮回、修仙、法术等与儒家的忠孝、节义、廉耻结合起来，以达到正人心、厚风俗的劝惩与教化目的。此外，冯梦龙对释道还多有质疑和批评，《情史》序言中云："异端之学，欲人鳏旷以求清净，其究不至无君父不止，情之功效亦可知已。"② 这里的"异端之学"明显指释道二教，否定其要求教徒鳏孤的规定，认为会导致无父无君的局面。又如《太平广记钞》卷一"黄安孟岐"条叙孟岐"年可七百岁"，"后不知所之"，评曰："谁人对证，颇似少君大言，流为醒神说谎。"③ 批评道家所宣扬的长生不死、羽化飞升等观念；卷五十四"柳智感"条眉评："修福免祸，岂不可信？但必非僧道家斋醮可转耳。"④ 指出僧道家的斋醮等法事并不能带来免祸的效果。此外，冯梦龙在《古今谭概》中对释道也多有批评，限于篇幅不予赘述。

三、以"三教"之通俗化来导愚适俗

冯梦龙的小说编纂体现了他试图通过对"三教"的通俗化来导愚适俗，达成其教化民众的目的。冯梦龙之所以在小说的编纂出版中投入大量精力，是因为其充分认识到小说具有教化大众的功能，即所谓的"导愚适俗"。对"导愚适俗"，冯梦龙曾有明确的表述，

---

① ［明］冯梦龙《醒世恒言·叙》，《冯梦龙全集》第3册，凤凰出版社2007年版，第1—2页。
② ［明］冯梦龙《情史·詹詹外史序》，《冯梦龙全集》第7册，凤凰出版社2007年版，第3页。
③ ［明］冯梦龙《太平广记钞》，《冯梦龙全集》第8册，凤凰出版社2007年版，第7页。
④ ［明］冯梦龙《太平广记钞》，《冯梦龙全集》第9册，凤凰出版社2007年版，第1042页。

其在《醒世恒言·叙》中解释其书名含义："明者，取其可以导愚也。通者，取其可以适俗也。恒则习之而不厌，传之而可久。三刻殊名，其义一耳。"① 如何才能导愚适俗呢？冯梦龙在上引文字之前也有所提示："六经国史而外，凡著述皆小说也。而尚理或病于艰深，修词或伤于藻绘，则不足以触里耳而振恒心，此《醒世恒言》四十种所以继《明言》《通言》而刻也。"② 他从反面指出小说如"艰深""藻绘"则不能"触里耳而振恒心"。这一通俗化的追求在《古今小说·叙》中也有明确表示："大抵唐人选言，入于文心。宋人通俗，谐于里耳。天下之文心少而里耳多，则小说之资于选言者少，而资于通俗者多。"③ 正因为大部分小说读者是少"文心"的普通人，所以只有通俗化才能吸引他们而达到引导他们的目的。

不仅白话小说需要通俗化，笔记小说同样需要通俗化。冯梦龙在《太平广记钞·小引》中云："宋人云：'酒饭肠不用古今浇灌，则俗气熏蒸。'夫穷经致用，真儒无俗用；博学成名，才士无俗名。凡宇宙间龌龊不肖之事，皆一切俗肠所构也。故笔札自会计簿书外，虽稗官野史，莫非疗俗之圣药，《广记》独非药笼中一大剂哉？"④ 指出小说是"疗俗之圣药"，所谓"疗俗"即是指小说具有社会教化功能，小说之所以有教化功能，其关键点即是小说的通俗性，更适应普通大众的阅读口味。冯梦龙将《太平广记》删繁就简，从五百卷删编为八十卷，加以评点注释，刊刻成《太平广记钞》，便于民众观览，这是一种普及性的工作。冯梦龙在其所编笔记小说中加入大量评点的做法，也是将小说通俗化，以吸引读者，扩大流通。通俗化使得冯梦龙编纂的笔记小说广受欢迎，如《智囊》刊出后反响不错，作者在补刻自序中称其辑成《智囊》一书后"往往滥蒙嘉许，而嗜痂者遂冀余有续刻"⑤，增补后以《智囊补》《智囊全集》《增智囊补》《增广智囊补》等名再版，传播广泛；又如《古今谭

---

① ［明］冯梦龙《醒世恒言·叙》，《冯梦龙全集》第3册，凤凰出版社2007年版，第1页。
② ［明］冯梦龙《醒世恒言·叙》，《冯梦龙全集》第3册，凤凰出版社2007年版，第1页。
③ ［明］冯梦龙《古今小说·叙》，《冯梦龙全集》第1册，凤凰出版社2007年版，第2页。
④ ［明］冯梦龙《太平广记钞·小引》，《冯梦龙全集》第8册，凤凰出版社2007年版，第1—2页。
⑤ ［明］冯梦龙《智囊·续序》，《冯梦龙全集》第5册，凤凰出版社2007年版，第3页。

概》出版后反响不佳,冯梦龙将原书改名为《古今笑》重刊,李渔认为是"从时好也",而改名之后确实效果明显:"雅俗并嗜,购之惟恨不早。"①

小说与"三教"的通俗化有着天然的契合,这主要表现在三个方面:一是小说文体本身历来被正统文人所轻视,将其排除在主流文学之外,认为其不登大雅之堂,这种特性导致小说文体天然具有通俗化倾向,尤其是白话小说长期被视为与雅文学相对的俗文学;二是小说所书写的内容具有"街谈巷议、道听途说"的世俗化特点,文言小说记载的大部分是与军国大事无关的朝野逸闻、鬼神传说,白话小说更是描写了普通民众最为熟悉的世俗百态,且语言浅显通俗;三是佛道二教为了传教,从很早开始便借助小说传播教义,扩大影响,教徒们创作了大量的"辅教小说",这些"辅教小说"都通过将教义通俗化达到向普通民众推广的目的。

基于小说与"三教"的这种契合性,对小说通俗性十分重视的冯梦龙,在其小说编纂过程中一旦涉及"三教"题材,自然会贯彻使之通俗化的做法。"三言"等白话小说的通俗化不用多言,仅就笔记小说来看,其通俗化的做法也是很明显的。这些作品中收录了大量与"三教"有关的故事,这些故事通过将"三教"人物及其理念世俗化来实现其警醒世人、教化大众的目的,最常用的方法之一便是运用讽刺。《古今谭概》《智囊》《笑府》《广笑府》等属于谐谑类作品,对社会上的种种庸俗、丑恶现象进行讽刺和揶揄,而被讽刺的对象包含了儒释道三教中的人物,如《广笑府》卷一"儒箴"、卷四"方外"是集中对"三教"人物的讽刺,对俗士腐儒、僧人道士的迂腐、愚昧、虚伪、贪婪作了辛辣的揭露和批判。又如《古今谭概》对"三教"皆有所讽刺揶揄,"迂腐部"中《谏折柳》一则讽刺了理学代表人物程颐的不近人情:

程颐为讲官,一日,讲罢,未退,上偶起凭槛,戏折柳枝。

---

① [清]李渔《古今笑史序》,丁锡根《中国历代小说序跋集》,人民文学出版社1996年版,第659—660页。

颐进曰："方春发生，不可无故摧折。"上掷枝于地，不乐而罢。

遇了孟夫子，好货好色都自不妨。遇了程夫子，柳条也动一些不得。苦哉，苦哉。①

而《〈孝经〉可退贼息讼却病》一则对古人迷信《孝经》进行了揭露：

张角作乱，向栩上便宜："不须兴兵，但遣将于河上，北向读《孝经》，贼自消灭。"赵韩王以半部《论语》定天下，《孝经》何不可破贼？

国初有孝子王渐，作《孝经义》五十卷，事亦该备。而渐性鄙朴，凡乡里有斗讼，渐即诣门高声诵《义》一卷。后有病者，亦请渐诵书。②

"痴绝部"中《贪痴》一则讽刺了道教徒的愚昧可笑：

庐山九天使者庙有道士，忘其姓名，体貌魁岸，饮啖酒肉，有兼人之量。晚节服饵丹砂，躁于冲举。魏王之镇浔阳也，郡斋有双鹤，因风所飘，憩于道馆，回翔嚌唳，若自天降。道士且惊且喜，焚香端简，前瞻云霓，自谓当赴上天之召，命山童控而乘之。羽仪清弱，莫胜其载，毛伤背折，血洒庭除，仰按久之，是夕皆毙。翌日，驯养者诘知其状，诉于公府。王不之罪。处士陈沆闻之，为绝句以讽云："啖肉先生欲上升，黄云踏破紫云崩。龙腰鹤背无多力，传语麻姑借大鹏。"

近年浙中一士夫学仙，屏居已久，妄自意身轻，可以飞举。乃于园中垒案数层，登而试之，两臂才张，遽尔坠损，医药弥月始愈。③

---

① ［明］冯梦龙《古今谭概》，《冯梦龙全集》第6册，凤凰出版社2007年版，第4—5页。
② ［明］冯梦龙《古今谭概》，《冯梦龙全集》第6册，凤凰出版社2007年版，第7页。
③ ［明］冯梦龙《古今谭概》，《冯梦龙全集》第6册，凤凰出版社2007年版，第59页。

文后作者有所评论:"富贵不已,则思寿。寿不已,则思仙。痴而贪,犹可言也。贪而痴,不可言矣。"将这种愚昧归结于人的贪婪。

"塞语部"中《辟僧》一则对僧人加以嘲弄:

> 欧阳公家儿小名有僧哥者,一僧谓公曰:"公不重佛,安得此名?"公笑曰:"人家小儿要易长,往往以贱物为小名,如狗马牛羊之类是也。"
>
> 昆山学博张倬与一僧谈,僧曰:"儒教虽正,不如佛学之玄。如僧人多能读儒书,儒人不能通释典。本朝能通释典者,宋景濂一人而已。"张笑云:"不然。譬如饮食,人可食者,狗亦能食之;狗可食者,人决不食之矣。"①

同部《轮回报应》一则对佛教的轮回观念也有所质疑:

> 一人盛谈轮回报应,慎无轻杀:凡一牛一豕,即作牛豕以偿,至蝼蚁亦罔不然。时许文穆曰:"莫如杀人。"众问其故,曰:"那一世责偿,犹得化人也。"②

明代中后期,随着社会经济的进一步发展,市民阶层扩大,佛道二教为了更好地融入社会,扩大影响,加快了世俗化的脚步,无论是佛道教义还是佛道人物,都日益成为百姓生活中熟悉的对象,过往的神秘、崇高色彩逐渐减弱,世俗气息逐渐加重。与此同时,儒家与佛道二教的争夺和矛盾也在加深。在这一背景下,冯梦龙于小说编纂中融入"三教"的做法可谓恰逢其时。

(作者为苏州大学文学院讲师,文学博士)

---

① [明]冯梦龙《古今谭概》,《冯梦龙全集》第6册,凤凰出版社2007年版,第490页。
② [明]冯梦龙《古今谭概》,《冯梦龙全集》第6册,凤凰出版社2007年版,第489页。

廉政文化

冯梦龙民本思想与坚定践行新时代好干部标准

孙月霞　殷盛华　朱家琪

民本思想是中华优秀传统文化的精华,是儒家治国思想的核心价值,是中国政治文化的核心范畴之一,对中华文明的发展具有重要作用。从夏商周时期的"民惟邦本,本固邦宁",到以孔子、孟子为代表的中国历代思想家提出的"仁爱""仁政""民为贵,社稷次之,君为轻""水能载舟亦能覆舟""先天下之忧而忧,后天下之乐而乐"等政治理念,都贯穿着历代先贤对民本思想持续不断的思索、诠释和发挥,从而形成了思想内涵丰富、实践价值巨大的体系。

一、冯梦龙的民本思想与实践

冯梦龙的民本思想与实践,一方面体现在自己的道德文章中,另一方面也反映在他在福建寿宁四年为官的实践中。

1. 以文流芳,修明吏治

冯梦龙(1574—1646)生活的明末清初,正处于朝代更迭、社会转变之际。其时,政治上专制统治强化,阶级斗争、民族矛盾突出;经济上商品经济不断发展,江南地区出现资本主义萌芽,新的生产关系也在逐步孕育,特别是当时出现了新的市民社会阶层,他们对社会有了新的诉求。

冯梦龙从小接受系统的儒家思想教育,兴趣广泛,博览群书,"才情跌宕,诗文丽藻,尤明经学"。凭着聪明博学,冯梦龙20岁左右就中了秀才,可之后却一直没能考上举人。这也让冯梦龙有机会下沉到民间社会,开始从事通俗文学的搜集、整理和编辑工作。除"三言"外,冯梦龙还有《新列国志》《古今列女传演义》《广笑府》

《智囊》《古今谭概》等多部不同类型的解经、纪史、采风、修志的著作，并且很多具有实用功能。他的作品很多在民间流传开来，为我国文学史做出了独特的贡献。他敢于突破传统的社会观和文学观，具有一种创新精神，堪称身处变革时代具有社会责任心的文学家。

此外，冯梦龙还有着自己的政治理想。他关心时事，体察民情，他的很多文章中都塑造了形象鲜明的清官，不仅包括大家耳熟能详的包青天，还包括与前不久苏州市委书记蓝绍敏发表的署名文章《厚立从政之德》相关的主人公况钟知府。这些清官形象，身上具有市民色彩，通法理、谙人情，由此可以了解到冯梦龙修明吏治的思想。

冯梦龙57岁得贡生，旋出任丹徒训导，崇祯七年（1634）由训导升任寿宁知县。他从江苏经浙江入闽，一路翻山越岭，历经千辛万苦到达寿宁。那里"万山逶迤"，地僻民贫，与苏州老家的江南水乡风光形成鲜明反差。

尽管年到花甲才能报效国家，他依然非常珍惜这次履新的机会。在这个贫困山邑，冯梦龙"一念为民之心""不求名而求实"，"大事小事，俱用全力""有事无事，俱抱苦心"，"以勤补缺，以慈辅严，以廉代匮"。他主张"下车即稔知瘠土"，不顾自己年事已高，跋山涉水，走遍全县，调查了全县的政治、经济、文化、教育、风俗、民情、地理、历史等状况，细致观察了民间耕作、养猪捕鱼、房屋乃至葬墓等民情以及各地的田地、物产等特点。他虚心向百姓求教，身体力行感受"寿邑之贫""寿民之艰"，加深对各种时弊的认识。

冯梦龙身上集中体现了中国传统知识分子修身、治国、平天下的人生理想，体现了中国文人做官的很多特点。他不但立德，立功，更讲究立言，讲究精神的传承和文化的教化对一个地方长远发展的意义。他热心教育，重修学宫缺少大木，为突出教化作用，他得知有人出售，便捐出自己俸禄购买大木，他一人就捐助了二十几两银子，相当于自己的半年薪水；两次支持学官修缮县学，并"立月课"，将自己著的《四书指月》发给诸生，"亲为讲解"，使"士欣欣渐有进取之志"。在《寿宁待志·官司》中，他郑重其事地把历任教谕、训导名籍一一开列记载，把他们摆在知县之后、典史之前，使这些人随着《寿宁待志》而留名后世，体现了冯梦龙对师道的尊重。

2. 勤政为民，实政及民

冯梦龙说为官者要"真心为民，实政及民"。他认为"为民"是思想出发点，"及民"是行为落脚点。

冯梦龙信奉孔子的"使无讼"理想。到任后，冯梦龙就提出了其治县纲领："险其走集，可使无寇；宽其赋役，可使无饥；省其谳牍，可使无讼。"他明白，从大的方面，想办法解决百姓的温饱问题，达到最低限度的"无饥"，要防止百姓无路可走而铤而走险，达到最低水平的社会安定，才能为"无讼"创造必要的条件和前提，所以他把"险其走集，可使无寇；宽其赋税，可使无饥"与"省其谳牍，可使无讼"联系在一起，作为施政纲领，十分有见地。这个纲领包含三个目标："无寇"，即民安；"无饥"，即仓实；"无讼"，即狱空。三个目标之间存在着紧密的内在联系，"无寇"是善政得以顺利实行的前提，"无饥"是善政的根本要求，"无讼"则是"无寇""无饥"带来的必然结果。他吁请上级捐资，修筑遭倭寇破坏、残破多年的城墙和四门，重立谯楼；他寻访捕虎能手，发动百姓修缮城楼，捐俸，在树林设置捉虎陷阱，为百姓消弭虎患；他治理的寿宁政简刑清，县监狱三间重监囚室和三间轻监囚室都"时时尽空，不烦狱卒报平安也"。

这其中，最了不起的功绩还是"无饥"。寿宁九山半水半分田，自然条件恶劣，山高水寒，一年一熟，粮食收获十分微薄。加上水旱频仍，庄稼时常绝收，"一值水旱，外运艰难，立而待毙"。对此，冯梦龙的诗歌有着真实的写照："穷民犹蹙额，五月卖新禾。"又《催征》小诗："不能天雨粟，未免吏呼门。聚敛非吾术，忧时奉至尊。带青砻早稻，垂白鬻孤孙。安得烽烟熄，敷天颂圣恩。"这首诗流露出冯梦龙对当地民情困难的同情和关注。冯梦龙又在《智囊》中指出："自古攻守之策，未有不以食为本者。"当时冯梦龙下决心改变这一局面，他查旧志，得知县衙幕厅有前际留仓、预备仓共六间，他还学习前令戴镗的贮银输谷良法，让"官无发粜之扰，民有乐输之便",使得县仓"三年以来,储俱见谷",这样就可以应对灾荒,确保"无饥"了。冯梦龙十分注重发展农业,修仓贮粮,反对"税外横取""无名之敛",针对地瘠,因地制宜地进行开垦,取得了显著成效。

冯梦龙在寿宁期间,在维持民安和关注民生的基础上,处处留心民风问题,对于境内存在的许多陋俗进行了不遗余力的纠正,有意识地在改善民风方面做了许多工作,做了很多革新。

在当时社会上,存在着对女性的歧视和迫害现象,甚至有溺杀女婴现象。他在为官期间,发布了《禁溺女告示》,设厉禁,赏收养,倡导男女平等,斥责溺杀女婴这种残害女性的野蛮行为。《禁溺女告示》的内容体现了明末民本思想的发展,是当时冯梦龙地方行政行为的创举。他说:"一般十月怀胎,吃尽辛苦,不论男女,总是骨血,何忍淹弃?为父者你自想,若不收女,你妻从何而来?为母者你自想,若不收女,你身从何而活?……"一代文豪从人情、人性及伦理角度步步责问,句句有理。接下来笔锋一转,从法令角度威慑之,既考虑严厉的法令威慑又考虑老百姓的特殊情况,并提出解决的方法。最后,让各乡每月呈报实情,形成机制,消除了寿宁地区重男轻女的陋习。

冯梦龙在任期间,还遇到很多医患陋习,尤其是面对麻风病流行,传染病人多,还有"癞疾"病人被人嫌弃、抛弃的情况,他毅然计划采取隔离传染措施,择地建屋数间,建立隔离区,发出杜绝野蛮烧死活人的限令,并专门收治重症传染病患者,集全县中医中药全力治疗,这一做法挽救了很多人的生命。联系到2020年的这次疫情防控阻击战,以及全世界方方面面的时势情况,比对我们的认知和应对措施,冯梦龙的这套思路同样可以获赞。

3. 独标高韵,与梅同清

冯梦龙在《戴清亭》一诗中写道,"老梅标冷趣,我与尔同清",表明自己不随波逐流,要像老梅一样,在深山里独标高韵。他以清官自许,以清官律己。

对官府的赋税恩典、银粮往来、操办收支,冯梦龙敢于亮家底,晒清单。他在《寿宁待志》中详细罗列了万历二十年(1592)之后朝廷加派的各种赋税、裁减的各类开销，共六十五项；罗列了泰昌元年（1620）以后朝廷减免百姓的赋役钱粮，共七项。一项一项，一厘一毫一丝，历历在册。其他关于民兵粮饷增减、工程建设开支以及谷物储存运输等情况，也大都记载得十分清楚，不浑水摸鱼，不做糊涂账。他还为民请命，希望"长民者"了解"寿民之艰"，"垂怜于万一"，减轻赋税。百姓无钱买药，他"捐俸施药"。

有一则小故事记载，明崇祯七年（1634）中秋，县城地主柳必得来给冯梦龙送礼，正欲离开。冯梦龙一把拉住他的袖子，厉斥"这里是四知堂，天知、地知、我知、子知"，并语重心长地讲述了东汉名仕杨震"四知"拒金的故事。不久，冯梦龙自掏银两将破旧的"四知堂"重新修葺，制作匾额悬挂于门楣之上，时刻警醒和勉励自己。

冯梦龙勤政为民、清正自律，"为官一任，造福一方"，这些理念和作为，在他为官从政上留给后人的《喻世明言》《警世通言》《醒世恒言》三部著作里均有体现。闽东籍黄寿祺教授，曾赋诗称赞冯梦龙："'三言'世上流传遍，万口交称眼识高。四载寿宁留政绩，先生岂独是文豪。"

二、冯梦龙民本思想与"以人民为中心"发展思想的关系

习近平总书记系列讲话中反复强调，要大胆实践，要对民族优秀文化传统进行"创造性转化，创新性发展"。在习近平总书记的治国理政思想中，对于传统的民本、仁政思想，有很多创造性转化和创新性发展。

习近平"以人民为中心"发展思想是对民本思想的继承和发展、扬弃和升华，它以历史唯物主义为理论基础，继承和发展了毛泽东、邓小平等几代党的领导人关于为人民服务、群众路线的思想。

2020年5月16日出版的《求是》杂志刊发习近平总书记的要文《在第十三届全国人民代表大会第一次会议上的讲话》，文中84次提到"人民"。习近平总书记指出："'政之所兴在顺民心，政之所废在逆民心'"，"治国有常，利民为本"，"全心全意为人民服务，是我们党一切行动的根本出发点和落脚点，是我们党区别于其他一切政

党的根本标志。党的一切工作，必须以最广大人民根本利益为最高标准"。70年来，长期执政的中国共产党一贯重视国家和社会的治理，一贯强调长治久安的执政目标。而这一切说到底，都立足于一点：坚持以人民为中心，将人民利益放在首位，全心全意为人民服务，满足人民日益增长的美好生活需要。对于我们党的这个执政宗旨，习近平总书记用老百姓最能接受的语言作了概括："人民对美好生活的向往，就是我们的奋斗目标。"

冯梦龙远赴闽东北山区寿宁任知县，执政时间只有四年。他"政简刑清，首尚文学，遇民以恩，待士有礼"，为官一任，造福一方。因此，清代编著的《福宁府志》和《寿宁县志》都将他列为"循吏"。一心为民、注重实际的冯梦龙民本思想的可贵之处有三：（1）身为官吏，心系百姓。（2）遇民以恩，劝诫教化。（3）不懈努力，泽被后世。

冯梦龙的民本思想与"以人民为中心""全心全意为人民服务"的发展思想一脉相承。"重民生"就是要"让老百姓共享改革发展的成果，让老百姓有更多的实惠，有更多的获得感、安全感和幸福感"；"兴民德"就是要"教民以德，培育和践行社会主义核心价值观"；"得民心"就是要得到"人民的拥护和支持"，这是"中国共产党执政的最牢固根基，人心向背决定着执政党的生死存亡"。

习近平总书记数次提及明代文豪冯梦龙及其精神。他深有感触地说："冯梦龙去上任走了半年。当时我就一个感慨，一个才高八斗的封建时代知县，怎么千辛万苦都去，难道我们共产党人还不如封建时代的一个官员吗？"

习近平总书记曾动情地说："……封建社会的官吏还讲究'为官一任，造福一方'，我们共产党人不干点对人民有益的事情，说得过去吗？"这句话体现了习近平同志从政实践的一贯追求。习近平同志不管何时何地，不管在什么岗位，都始终践行党的宗旨，诚心诚意当好人民公仆。因此，"以人民为中心"的发展思想的提出，绝不是偶然的，而是必然的。我们领导干部，就是要把人民放在最高位置，践行"以人民为中心"的发展思想。

习近平总书记2014年5月9日在河南兰考群众路线教育实践活

动会上的讲话中提道：明代以"三言"传之后世的文学家冯梦龙，科举之路十分坎坷，57岁才补为贡生，61岁担任福建寿宁县县令。他减轻徭役、改革吏治、明断讼案、革除弊习、整顿学风、兴利除害，打造了一个百姓安居乐业的寿宁……

2019年10月18日，市委蓝绍敏书记调研相城区时提出，相城是冯梦龙的故里，冯梦龙"济世为民，两袖清风"，树起了勤政廉洁、为民务实的精神标杆。他强调要注重挖掘冯梦龙文化的丰富内涵和时代价值，用冯梦龙精神激荡全区上下干事创业、勇立潮头的正能量。

他提出"三个学习"，要学习冯梦龙"真心为民、实政及民"的情怀，把群众观点、群众路线深深根植于思想中，具体落实到行动上，始终与人民群众同呼吸、共命运、心连心；要学习冯梦龙"平生不求名而求实"的志向，拿出相城御窑金砖的"工匠精神"，苦干实干、精益求精，坚决反对形式主义、官僚主义，用实干诠释忠诚、以担当书写人生；要学习冯梦龙"老梅标冷趣，我与尔同清"的境界，坚守"亲""清"二字，为企业办事尽心竭力，为群众服务推心置腹，永葆共产党人的政治本色。

三、冯梦龙民本思想与坚定践行新时代好干部标准

习近平总书记指出："时代是出卷人，我们是答卷人，人民是阅卷人。"以什么为标准、用什么来衡量，实质上是一个对谁负责、让谁满意的问题。冯梦龙身上的民本思想为建设清廉俭朴、务实担当的干部队伍提供了历史"铜镜"。

1. 学习冯梦龙为民的情怀

在冯梦龙身上，我们可以看到"一念为民之心"是他坚持公平正义的内在动力。他的"爱民"突出体现在"他管了他不一定要管的事，做了他不一定要做的事，关心了他不一定要关心的问题"上。冯梦龙生活的时期，正是明朝走向衰亡的时期。一方面，统治阶级内部矛盾和斗争不断加剧，士大夫党争愈演愈烈，宦官魏忠贤暴虐专权，政治极端黑暗。崇祯帝急于求成，屠戮大臣，用人不当，更加速了明朝走向灭亡的步伐。另一方面，整个社会，官场与民间弥

漫着腐败、奢靡之风。冯梦龙出仕的崇祯三年（1630），以及任寿宁知县时的崇祯七年（61岁），正是明王朝处于风雨飘摇、内外交困之时。在花甲之年附近徘徊的冯梦龙，获得的官位不过是训导和知县。作为一位才华横溢的士人，冯梦龙不可能对当时的时局没有自己的看法，不可能不知道未来的险恶。但是，从他在寿宁的一言一行、一举一动中，丝毫看不出他对国家的忠诚、对老百姓的爱护有任何动摇，丝毫看不出他在动荡岁月中为自己逐利的私心。从这一点来说，冯梦龙充分体现了封建文人修身治国平天下的情怀。今天都在讲文化自信，冯梦龙的这种情怀正是一种优秀的传统文化，是一种质朴的"民本"思想古风。

　　胸怀"为民"之志就是要保持"无我"。"我将无我，不负人民"，这是2019年3月22日国家主席习近平在罗马会见意大利众议长菲科时谈到的："我愿意做到一个'无我'的状态，为中国的发展奉献自己。"寥寥八个字，底蕴深厚，意涵丰厚，振奋人心，言简意赅地道出了中国共产党人精神世界的辩证法，提纲挈领地诠释了全心全意为人民服务的根本宗旨，鲜明体现了党性和人民性的高度统一，成为新时代中国共产党人精神谱系的最新表达。

　　"我将无我，不负人民"，体现的是中国共产党人心中有民、爱民的最高人生境界。广大党员干部要保持"无我"境界，首先从内心深处就要把群众放在高处，把自己放在低处，把群众当主人、当亲人，在感情上贴近群众，在思想上尊重群众，在行为上关心群众。只有时刻把群众的安危冷暖放在心上，把群众的疾苦当作自己的疾苦，把群众的忧乐当作自己的忧乐，深情对待群众，真心服务群众，才能真正做到"无我"，胸怀"人民"。

　　2. 学习冯梦龙务实的做法

　　群众的事无大事，群众的事无小事，群众的事情做好了才是好事。为群众做事，做群众的事，做群众的工作要换位思考，要将群众的思维方式和价值观带进去做，这样才能带着感情做，才能做好群众的工作。"做一分亦是一分功业，宽一分亦是一分恩惠"，当冯梦龙看到城墙崩塌，四面城门洞开时，他马上加以修整；当看到地贫田少，稻米外流时，他马上储粮谷；当他修复县城粮仓，积极储粮时，又想到山路崎岖，百姓挑担十分艰苦，于是续修乡下四个粮仓；当他看到原先编制的黄册毛病很多，造成弱势群体吃亏、强势人家得益时，感叹这是最不公平之事，着手再造细户花册。冯梦龙说："明察并举，盖非明不能察，非察不显明。"有名的"断鸡案"和"断牛案"常常被人们提及，特别是断牛案的断语"两年相斗，一死一伤，死者同食，生者同耕"，通俗易懂，入情入理，有效化解了矛盾，体现了为政者的智慧。

"以人民为中心"就是要始终保持与人民群众的血肉联系，坚定不移地走好新时代的群众路线。群众路线是我们党的生命线和根本工作路线，是我们党永葆青春活力的传家法宝。说一千道一万，不如做给老百姓看。只有让老百姓得到更多的实惠，老百姓才能拥护你、支持你。

古往今来，"务实"作为农耕文化下形成的精神早已渗透在苏州人的日常生活和交往的种种细节上，这种"不露也锋芒"，有深度的闯劲、韧劲也是苏州人一贯的追求风格，并在今天不断丰富、升华。

改革开放初期，苏州人凭一股"四千四万"精神，脚踏实地、埋头苦干，以占全国0.09%的土地面积、0.77%的人口创造了全国2.1%的地区生产总值、7.7%的外贸进出口值，创造了"张家港精神""昆山之路""园区经验"三大法宝。不管是"拼"出来的"张家港精神"、"闯"出来的昆山之路还是"融"出来的园区经验，都是以全面小康为显著标志、以人民幸福为不懈追求，实践出真知，循序渐进的过程。

3. 学习冯梦龙清廉的作风

冯梦龙自陈："余生平作事不求名而务实。"晚明的官吏为求"升官"虚报本县增加耕地，但冯梦龙调查发现，寿宁嵚岩逼窄之区，沙浮土浅，梯石而耕，连雨则漂，连晴则涸，但有抛荒，哪有余地？他不肯虚报。他通过一系列务实的举措，一点一滴地改变老百姓的生活面貌。特别值得一说的是，他走遍全县，细致观察了各地的田地、物产的特点和民间耕作、养猪、种菜、捕鱼、建屋乃至葬墓的情况，全方位接触寿宁山区人民的生活，虚心向百姓请教。他亲自修纂了《寿宁待志》，记载寿宁的人文、地理等各方面情况。

就是这样一份沉甸甸的果实，冯梦龙还认为自己记录得不够详细准确，将书名写成"待志"，而不是"志"，真正体现了他的胸怀。

"千难万难，实事求是最难。""平生不求名而求实"的冯梦龙，做了很多实事后，并没有就此粉饰现实，更没有自我标榜。他在《寿宁待志》一书中还如实地介绍说，在他任上，虽然寿宁案件该处理的都尽量公正地审理了，却不是什么大案都没有，也不是没有一件冤案，当然，更不是什么全县"太平无事"。正是如此扎实低调的工作作风，让他对自己就职的一方水土非常熟悉，做起事来能切中要害，同时得到寿宁百姓的认可。所以说，"金杯银杯不如老百姓的口碑"。

探究古今中外的历史，不难发现，每一次朝代的更替，每一个政权的兴亡，无不与腐败有关。党是参天大树，党员干部是绿叶绿枝。只有每一个党员干部坚持执政为民、清正廉洁，才能使我们的党永远植根人民，万古长青。

（1）要转变政绩观。树立正确的政绩观，实践担当，上下一心，群策群力，以更大的政治勇气和智慧攻坚克难，"创"出一条新路，做出一番事业。以当下问题为导向，深入基层，真正做到习近平总书记提出的"三严三实"中的"三实"，即谋事要实、创业要实、做人要实，"实"字当头，理论联系实际，做务实的好干部。

民有所呼，我有所应。政绩观是面镜子，映照着领导干部的发展意识与责任担当。擦亮政绩观这面镜子，就要跳出"给自己留名、为自己邀官"的小格局，把"中央看什么""人民群众要什么"和"自己做什么"结合起来，树立"久久为功"之念，多做利长远、惠民生的事。冯梦龙为政的时候，政绩观态度鲜明，对"升科""恩典"这类古代虚假的政绩非常排斥。

牢固树立正确的政绩观。教育引导党员、干部始终坚持实事求是的思想路线，始终牢记人民利益高于一切，切实把对上负责与对下负责统一起来，决不做自以为领导满意却让群众失望的蠢事。把学习贯彻新发展理念作为干部教育培训的重要内容，健全完善符合新发展理念要求、体现高质量发展导向的综合考核指标体系，引导各级干部更加自觉地把新发展理念作为指挥棒、红绿灯，坚定不移地用以破解难题，推动发展。

因此，党员、干部要坚持立足当前，谋划长远，不脱离实际，不囿于现状，确保目标不空、步伐不虚。坚持埋头苦干、实事求是的良好作风，把更多的时间和精力放在学习上、工作上，把嘴上说的变为手上做的，把纸上写的变为正在干的，不停地使实劲、用狠劲、有韧劲，干实事、出实招、创实绩。

（2）要加强调查研究。党员干部要学习冯梦龙的调查研究精神，把调查研究作为工作的重要参考，发扬求真务实作风，坚持问题导向，真正沉下心来、扑下身子，大力倡导"四不两直"方式，更多地开展随机调研、蹲点调研、解剖麻雀式调研，在求深、求实、求细、求准、求效上下功夫，察实情、听真话、取真经，不作秀、不走"经典路线"。在调查研究中思考大局，勤于学习，善于学习，拓宽视野，充实自身，在战略定位、规划引领、产业布局、城市功能、政策体系等方面要超前研究、主动对接，抢抓机遇、乘势而上，始终围绕中心、服务大局，找准自身的坐标定位，努力成为熟悉业务的"政策通"、干事创业的"领头羊"、全面发展的"多面手"。

（3）要时刻慎独慎微。慎独慎微，首要前提是严以律己。严以律己，要心存敬畏、手握戒尺、勤于自省，遵守党纪国法，做到为政清廉。在新形势下，领导干部所面临的考验与诱惑复杂多样，唯有常怀律己之心，方能保持清正廉洁。

在2020年的这次疫情抗击战中，我们深切感受到中华民族精神不是过去完成时的，而是现在进行时的；它不是既成的，而是不断生成的、向未来敞开的。它植根于古老的文化传统这一原初基础，积淀着红色文化因子，浓缩着马克思主义中国化的积极成果，形成了既悠久又弥新的精神血脉，也正因如此，方能赋予中华民族自强不息、刚健进取、乐于奉献、不屈不挠等品格和气质。

党员干部们必须保持正确的人生追求，真正做到守得住清贫、耐得住寂寞、抵得住诱惑，特别要树立起新的年轻干部的良好形象。在推动高质量发展、高水平开放的过程中，义不容辞、责无旁贷，大力弘扬"越是艰险越向前""低调务实不张扬"的奋斗精神，锤炼自身"能打胜仗、敢打胜仗"的工作作风。自觉执行中央"八项规定",躬行自明、身体力行,慎独、慎微、慎权、慎欲,自警、自省、自重、自律,真正做到习近平总书记提出的"三严",即严以修身、严以用权、严以律己,不仅不能触碰党纪国法底线,而且还要时刻自觉践行社会主义核心价值观,涵养高尚的道德情操,率先垂范、以身作则,永葆共产党员的先进性和纯洁性。

(孙月霞,苏州市相城区委党校副校长、相城区行政学校副校长;殷盛华,苏州犹龙文化旅游发展有限公司副总经理;朱家琪,苏州市相城区委党校教育培训处科员)

冯梦龙的廉政实践和士人精神

韩光浩

摘　要：冯梦龙的廉政思想和实践，与其知行合一的儒家文化观有着内在联系。冯梦龙为官的信念、风骨和情怀，同那些形诸文字的著述融为一体，全面反映了他的人生境界。冯梦龙不仅是一代通俗文艺大师，也是经学研究的名家，更是廉政为民的好官。

关键词：冯梦龙　为官　廉政实践

《孟子·万章章句下》有曰："颂其诗，读其书，不知其人，可乎？是以论其世也。"儒家强调"知人论世"，这一观点特别适用于研究冯梦龙廉政实践和其背后的思想。

冯梦龙对一系列问题的决断依据和实施举措，直接来源于他知行合一的儒家文化观。只有具体地了解冯梦龙在儒家典籍中探赜索隐、披沙拣金的历程，在认识他的廉政实践时才不会产生隔膜，才能准确领悟这些思想行为背后的深层意蕴。此外，还应当看到，冯梦龙留给后人的精神财富，不仅是卷帙浩繁的著作，还有感人至深的江南士人精神。冯梦龙在为民为官风雨兼程的人生跋涉中显现的信念、风骨和情怀，同那些形诸文字的著述融为一体，全面反映了冯梦龙的人生境界。他不仅是一代通俗文艺大师，也是经学研究的名家，更是廉政为民的好官。冯梦龙的人生，贯穿着"修身、齐家、治国、平天下"的中国故事。

江南，尤其是苏杭一带，经济文化高度发展，加之江南百姓历来积淀的文化素养和市隐传统，共同造就了一个亦"隐"亦"仕"的士人群体。而在相城这块因伍子胥"相土尝水"而得名的土地上，人们晴耕雨读，崇文重教，涵养着一方文脉，一大批江南士人在此生生不息，如吴门画圣沈周、笔墨大家文征明等。冯梦龙（1574—1646）也为"苏州府吴县籍长洲（相城古称）人"。从相城区黄埭镇新巷村走出来的冯梦龙，少时受经问道，博学多识，后文学成就颇丰，被誉为中国古代白话小说的先驱、通俗文学泰斗。相比他的文学道路，他的仕途颇不顺利，57岁才补为岁贡，崇祯四年（1631），冯梦龙获贡生资格后，被任命为江苏丹徒县儒学训导；这对很早就已精心钻研儒家经典并擅长著书立说的冯梦龙来说，可谓得心应手。但直到崇祯七年，年过六旬的冯梦龙才被破格委派，出任福建寿宁知县。冯梦龙上任之时，明王朝已处于风雨飘摇之际，而六十多岁的老人也大多在含饴弄孙，冯梦龙却和别人看法不同，他身在笔墨间，心系苍生里，出于为匡救国难和倾其所学为社会服务的既定人生目标，执意去"地僻人难到，山多云易生"的贫穷小县为官，并由此将其治学、修身与家国更紧密地联系在了一起。从这个角度讲，冯梦龙正是一位传承儒家精神的江南士人，有着充满书香的精神生活，亦有着强烈的忧患意识、家国情怀与治世精神。

冯梦龙少时于吴地受经问道，研习经典，所著之《四书指月》成书于赴寿宁之前，并早已在坊间闻名。与他人注释四书经典不同，冯梦龙多有发挥，字里行间有着不少实践功夫，要求学者有足够阅历打底才能领会。而于寿宁任知县期间，冯梦龙恪尽职守，秉持着"作事不求名而求实"的理念，将经典落实于治理实践，把《寿宁待志》化为了活化版的《四书指月》。

冯梦龙在《论语指月·宪问篇》中提出："愚谓古之学者，那一念不为人？却正是为己；今之学者，那一件不为己？却正是为人。须要在'人''己'二字参驳得透。"冯梦龙对于名和实把握得很精确。有些人修身求名，更有人得名而弃学。古人以建立准则为本，今人却以放弃准则为时尚，冯梦龙的"名实观"，正是切中了时弊。故而，冯梦龙为官寿宁后，将多年对经典之学的体悟，落实到了六十岁之后的治理之道上，诚于中而形于外，廉洁自律，问心无愧。冯梦龙践行"以勤补缺，以慈辅严，以廉代匮"的好官德行，自觉"一念为民之心，唯天可鉴"。此语堪与《论语·宪问》篇中孔子的感叹相映照。"子曰：不怨天，不尤人，下学而上达。知我者其天乎。"孔子感叹上达的学问无法言说,所以只有老天爷了解他了。冯梦龙也提出"惟心体上打叠的空净,无一些怨尤之累,方学始不浮"。历朝历代学者很多,下学的功夫都很厉害,但上达的高人却没有多少,都因心中有很多名利妄念。冯梦龙却有明白的"上下观"。他济世为民,两袖清风,不求名不求利,不怨天尤人,其实就是上达功夫的体现。

在这样的思想背景下,冯梦龙在寿宁留下了"政简刑清,首尚文学,遇民以恩,待士有礼"的治理之道。以德、礼治理寿宁,这其实是冯梦龙的一种"本末观"。中华文化始终崇德敬礼,方能本立而道生。《论语·子路》曰:"上好礼,则民莫敢不敬;上好义,则民莫敢不服;上好信,则民莫敢不用情。"这是儒家的经典见解,为政者能以身作则,遵纪守法,明德好礼,则天下百姓效法之。国家秩序井然,人民之间和谐。反之,则国昏民乱。冯梦龙的治理之道,就是对德、礼的尊崇与实践。严刑峻法,看似有威慑性和实用性,却只在一段时间内有效。带有道德瑕疵的治理方法,很难长效维持。同时,在德、礼的感化下,冯梦龙立足实际,根据岭峻溪深、民贫俗俭的特点,以关心民瘼为首倡,提出"险其走集,可使无寇;宽其赋役,可使无饥;省其谳牍,可使无讼",并摸索出一套"教化防讼、化事息讼、明察听讼、量情决讼"的有效做法。

尤其让人关注的是,冯梦龙在寿宁县令任上,严格以"卑职人微言轻,但能自律,安能律人"自警。他深感"寿令之苦",不仅是因为寿宁穷,也是因为他把为官当作一件人生治学修身的大事,甘愿吃苦受累,过着淡泊清贫的生活。他把自己本就不多的薪俸捐出来为民做好事。重修学宫缺少大木,他"捐俸代输,伐其木";百姓无钱买药,他"捐俸施药";兴修关圣庙,他又"少佐俸资"。夫子阐明"事君之道",应当忠诚,敢于直言进谏,不可阳奉阴违搞两面派,更不能阿谀奉承拍马屁。而冯梦龙也多次不惜身冒风险,为民请命,上疏陈述国家衰败积弊之因。君子谋道不谋食,冯梦龙为道可放弃一切,士人风骨俨然。

冯梦龙处理政事,讲求"忠厚"二字,所到之处,多有惠民的德政。而公余时间,冯梦龙依然饱有文人雅兴,填词作曲,一抒情怀，所谓"山城公署喜清闲，戏把新词信手编"。他为戴清亭写的诗句"老梅标冷趣，我与尔同清"，让人看到他的一身清气。戴清亭为冯梦龙的前辈戴镗知县所造，此人为官清廉，冯梦龙决意仿效，要做一个清明廉洁的良吏。他在《论语指月》中认为修己难，"若有一事做不当，一人处不妥，还是修己未尽"。冯梦龙认为，为政者更应修身养德，以仁行道，以德为本，为天下百姓安乐而尽心。

冯梦龙的一生颇富传奇色彩，有人曾以"畸人、情种、文豪"等关键词来概括他，都不见得能深入其精神面貌的核心。"为官一任，造福一方"的冯梦龙实是一位学有所成的通儒和廉正有为的好官。不难看出，优秀的传统文化对冯梦龙清廉人生的引导与观照，起着何等重要的作用。因此，我们有必要紧紧围绕冯梦龙生命历程中最能体现其本质特征的重要事实，探究那些构成其人生境界的基本要素。只有这样，我们才能比较完整地认识和理解这位文化大家的廉政实践及其背后的思想，才能萃取出本土的、有生命力的人文启迪。冯梦龙的廉洁之道中至少有三条当代人可以学习体悟的重要启示。

首先，廉洁之道的背后是中华传统优秀文化的深度涵养。冯梦龙六十岁治理寿宁，成绩卓著，不但得益于他于吴地烟火生活中的历练，也跟他饱读经书、以文化节操为旨归的人生理念息息相关。

无论是民间作家还是官员，都可以算是广义的知识分子。天上知一半、地上全知道，精通"回"字四种写法的，充其量只是"知道"分子罢了。冯梦龙在诸如《论语》《孟子》和《春秋》等经学方面的非凡造诣，早已为当时的业内人士所瞩目，而他的人生进阶，更让当代人重新审视、回味知识分子的定义。知识分子自我进化的关键在于"见识"，即"知行合一"。唯有知行合一，方能摆脱知识分子固有的局限性。因此，六十岁执意奔赴寿宁为官的冯梦龙，不是为了贪图一时名利，而是为了使自己实现从"读万卷书"到"行万里路"的升华，实现"历万端事，阅万般人"的最终蜕变。从惯见吴歌悠悠、烟雨氤氲的江南温柔乡，到识遍江湖三教九流，再到从政寿宁苦寒地，冯梦龙的人生不是浮光掠影的传奇，更不是风花雪月的剧本，而是致力于解决"修齐治平"的实际问题，把握下学上达机遇的士人生涯。这和传统文化对他人生的深度涵养息息相关。

其次，廉洁之道的背后是对生命意义的追寻和实现。孔子说"君子求诸己，小人求诸人"，冯梦龙在《论语指月·卫灵公篇》中讲道："君子会得己真，看得己大，自己取用不尽，故只求诸己；小人看得自己一毫没有，富贵在人掌握，声名在人齿颊，全向人讨生活。"进一步阐发了他的人生观和价值观，其励志处令人激赏，也让人看到了他为官但求诸己的底气。

冯梦龙崇真尚清，故在寿宁知县的四年任期中，冯梦龙展现了"清廉、公正、爱民"的从政形象，并留下了长达五万字的廉政奇书《寿宁待志》，以朴素的纪实手法，写出了他在寿宁的作为，体现了中国古代优秀士人和正直改革家的操守，思想境界之高，令人击节赞叹，其所作所为，正显露出冯梦龙对自己生命意义的寻求。而这种生命意义能达成的核心就是"仁"。所谓"仁"，就是感通和感发的能力，能感通自己，方能感发他人。而麻木不仁，就是失去了感应能力，对于民众疾苦、对于短板弱项没有感知力，便无法施行正确的治理之道。"依于仁"就是好学敏求，宅心仁厚而善感，疏通知远而力行。冯梦龙正是依仁而行，才最终推陈出新，因势利导，为自己的知行合一创造空间，为百姓的栖居发展谋求福利，实现了治学从政和人生奋斗的最终意义。

其三，廉洁之道的背后是对国家的情怀凝聚与强烈责任。中国传统士人的崇高人生境界追求的是通过现实世界的"道中庸"而实现意义世界的"极高明"。这种对崇高人生境界的追求从内圣外王两个维度展开。退，修身养性，著书立说；进，建功立业，造福天下。

一个人有资格被称为"士"，首先要把"求道""向道"作为自己的第一追求，把家国情怀系于己身，有着独立的精神与操守。冯梦龙位卑未敢忘忧国，生命里浸润着江南士人之精神。在冯梦龙之前，有着宋代范仲淹之"先天下之忧而忧"，在冯梦龙之后，则有明代顾炎武之"天下兴亡，匹夫有责"，这种家国情怀和忧患意识，是江南士人也是中华主流传统文化的性格。冯梦龙怀着对家国之情怀，深入寿宁最基层，从田野调查开始做起，将当地的历史、人文、社会、经济乃至风土人情全部消化融汇之后，为寿宁提供了具有创新性和可操作性的治理之道。

只有从"志于道，据于德"的角度出发，我们才能真正理解冯梦龙这个人，理解他的心志和德业，才能进入他的生命情境；而只有进入他的生命情境，我们才能真正理解他对清廉的追求与对国家的深沉之爱。冯梦龙的廉政之清，是《书·舜典》里的"夙夜惟寅，直哉惟清"之清正；是儒家先贤孔子的"饭疏食，饮水，曲肱而枕之，乐亦在其中矣"的清淡；是道家庄子的"持其清者"的清净。因"清"而"仁"，由"仁"而"政"，凝聚着冯梦龙对国家兴亡的"忧患意识"和独立的士人精神。应该说，这种情怀和责任是深深扎根于中华民族悠久文化传统的共识，更是中华文明的独特传统，于今，需要当代人细细咀嚼、回味。

习近平总书记曾说过："需要积极借鉴我国历史上反腐倡廉的宝贵遗产。研究我国反腐倡廉历史，了解我国古代廉政文化，考察我国历史上反腐倡廉的成败得失，可以给人以深刻启迪，有利于我们运用历史智慧推进反腐倡廉建设。"冯梦龙的廉政实践和他身上的士人精神，不但在他的故里——苏州相城区黄埭镇留下了旧故事和新传奇，也为当代中国留下了另类"警世通言"——要有文化积淀，要有责任担当，要有爱民情怀，要有实干精神，要有为官之德。今天，我们沉下心来，学习冯梦龙立德、立言、立功的人生追求，借鉴冯梦龙的治学修身与清廉为官之道，应该是一件大有裨益的事情。

（作者为《现代苏州》杂志社总编辑）

试谈冯梦龙的教育思想与教育实践

卢彩娱

摘　要：冯梦龙是集文学家、编辑家、思想家等于一身的大家。他的教育思想和教育实践也很丰富，颇具特色。本文结合冯梦龙的经历，探讨其教育思想、理念和实践，希冀从中找到借鉴，获得启示。

关键词：冯梦龙　教育思想　教育实践

冯梦龙是一位多才多艺的大家，在文学、戏曲、民歌、编辑等领域都有涉猎，而且在每个领域都取得了丰硕的成果。对于他的文学活动和文艺思想，学术界有过大量的研究，也取得了很大成绩。近年来，人们对冯梦龙在吏治、廉政方面的实践也进行了较为深入的研究。本文就冯梦龙的教育思想和教育实践活动进行一些探究。

一、儒家经典的尊崇者和传播者

冯梦龙生于苏州士大夫家庭，其祖父、父亲均为儒冠中人，母亲毛氏亦为吴中世族之女。在冯梦龙生活的明朝末期，吴中学风兴盛，加上冯氏家庭传统儒教氛围非常浓厚，冯梦龙自幼接受了严格而系统的正统教育，学而优则仕的思想在冯梦龙的心中是根深蒂固的。冯梦龙学习刻苦，奋发治学，少年时就呈现出卓尔不群的禀赋，"八岁曾举神童，十一岁游庠"。他气质儒雅，为人热情爽朗，博通经史，《苏州府志》称其"才情跌宕，诗文丽藻，尤明经学"。

但是，冯梦龙科考却极为不顺，数十年仕途不就。至崇祯三年（1630），其五十七岁时才成为一名贡生，在科考之途中登上了艰难的一级。其时，明初创立的八股取士制度，经过近二百年的实施，到了万历时期，其本身固有的弊病已显露无遗。权势、权钱交易介入科场，公平、公正地为国选拔人才的原则已被破坏，那些才气纵横、有抱负的人才往往被拒之门外。自己满怀理想、满腹诗书，却在科场回回碰壁，这着实让冯梦龙感叹生不逢时。这是冯梦龙人生之一大悲剧，也是对明代科举制度的一大讽刺。冯梦龙对此也很无奈，在《警世通言·老门生三世报恩》这篇带有自传性质的小说中，他发出悲愤质问："如今是个科目的世界，假如孔夫子不得科第，谁说他胸中才学？若是三家村一个小孩子，粗粗里记得几篇烂旧时文，遇了个盲试官，乱圈乱点，睡梦里偷得个进士到手，一般有人拜门生，称老师，谈天说地，谁敢出个题目将带纱帽的再考他一考么？"但是，冯梦龙终究是一个有理想的文人，并没有就此颓废下去，抑或丧失对儒学的信心。他在《四书指月》中指出："圣贤教人学问，不过要人成个人。"冯梦龙认为"要人成个人"，就在于要唤醒人的良善本性，而这正是儒家传统的要义。《孟子》强调"学"的目的在于"存心复性"，即学习的根本目的在于保持或恢复人之良善本性。不可否认，生活在明末清初社会大变革时期，冯梦龙的思想带有明显的时代烙印。一方面，他欣赏甚至尊崇李贽的离经叛道思想，崇尚自由，但他从小接受的是正统的儒家教育，他的思想依然囿于儒家正统。万历年间，冯梦龙曾有过读书、讲学活动，与他切磋研学的都是儒家正统学者。纵观冯梦龙一生的思想轨迹，从其家世，四十几年的科考经历，结交的友人，湖北麻城的讲学，到丹徒训导岁月，寿宁四年知县历程，我们看到了正统儒家的深深印记和风采。

难能可贵的是，冯梦龙即便是在四十多年科考碰壁之后，仍然对四书五经如痴如醉，几十年如一日地研究四书五经要义，编辑出版四书五经的参考书。儒学经书是明代科举考试的必考内容，冯梦龙不遗余力，先后编写《麟经指月》《春秋衡库》《春秋别本大全》《四书指月》《春秋定旨参新》等应举参考书。他编写的参考书，在总结经学要义的基础上，采用的编辑方法既适应了士子们掌握要旨的需要，又不是指引他们去背诵"烂旧时文"，而是启发他们去钻研经传。在书中，他将《春秋》要义题旨一一列出，做到了"题虽择而不漏"。然后他在每道题后作一破题。在破题之后，又详尽地指明该题的要旨、作文之重点和方法，做到了"传无微而尽心"。冯梦龙既将《春秋》可出的文题全部列出，就省却了士子们的猜题之功，他们只须认真看每道题的题旨及作法，就不怕入场后看不懂题目了，这也可引导士子去钻研原经，避免"信传不信经"的弊端。因冯梦龙在书中于每题后作破题，士子们只要记住了它，就能闯过破题这一难关，故此书大受生员、举人们欢迎，也得到那些坚持儒家传统的士子们的夸奖。他潜心钻研《春秋》，成为天下治《春秋》的名家。他编撰刊行了胡安国传注的《麟经指月》等专门指导士人们研治《春秋》的书籍，引导学子去感悟《春秋》的真正含义。冯梦龙的这本《麟经指月》为学子科考起到了航向性的作用，因其具有实用性，故书一出版，就成为极受欢迎的学习参考书。在这本书里，冯梦龙以研习经史二十余载之功力，集研究心得与方法，并将历代"讹讹相传，习而不察"的许多谬误，一一论定，辨明是非。冯梦龙体察初习者苦于记诵之难，又无暇推敲研习，便结合自己早年的学习心得，将一些相似而可疑的重点内容，"另编歌诀，以备遗忘"。"是编也，冯生行且率天下聪明才知士，兢兢一禀于功令，为圣天子不倍之臣，中兴太平之业端有助焉。夫岂惟科第？夫岂惟敝邑？"（梅之焕《叙麟经指月》）。

在他编纂的《春秋定旨参新》卷首的《春秋要法》中，他还精心撰写了六首歌诀，将自己研读《春秋》所得之精要内容悉心归纳，并毫无保留地展示给世人。歌诀如下：

作文新格歌
一破二承三起讲，入事及意新制当。
七陈八收异九结，此是作文新格样。

作文旧套歌
一破二承三原题，发问起语入事依。
反意断制并咏叹，十收束兮及结之。

五难歌
比具有五难，无人无主二。
无谋及无人，无德谁能济。

五利歌
弃疾有五利，获神有民在。
令德贵宠燕，居常谁能害。

经题四决
合宜开发，比要相形。
单须抉要，传莫离根。

题有四贵
传题贵员，合题贵方。
拟题贵简，看题贵精。

这些歌诀，朗朗上口，易记易背，是冯梦龙一生潜心研究《春秋》的宝贵经验。

特别值得一提的是，在寿宁任知县期间，冯梦龙就把自己编辑的《四书指月》这本科考参考书分发给寿宁学子，并亲自授月课。四书是明代所有科举考试的必试内容，但四书深奥难懂，学子们要真正把握其精神实质，合乎孔孟之原意及朱熹的注解，并非易事。冯梦龙除了自幼攻习四书外，还曾多次参加科举考试，便结合自己所学和实践，编撰了《四书指月》来指导士子们对四书的学习。《四书指月》逐章逐节结合朱熹的注释，对其要旨进行解释，书中还有眉批、附注指点作文的要点与方法。如对"父母在，不远游，游必有方"一章，冯梦龙阐释说："孺子初时，谁不依依亲侧。'不远游'，依然孺子初心也。'游必有方'，是为不得已而远游者设法。《注》中体亲心意重，'思亲'及'召己'句轻。"这段话把《论语》这一章的要义、重点阐释得非常透彻，所以，学子们在作此题目时，便可扣住题意，不致离题。

二、读书、讲学、授课，热衷教育事业

据《侯忠节公年谱》记载，万历三十七年（1609）至三十八年，与冯家有通世之交的嘉定侯震旸父子到苏州虎丘铁花庵读书，冯梦龙便参与其中。这次的读书活动，对冯梦龙影响很大，使他对四书五经的理解大为加深，其写作水平也有了很大的提高，更重要

的是使他从久不及第、情场失意的悲伤心情中，慢慢走了出来，尝试面对现实，一颗热忱之心两种准备，一方面继续参与科考，一方面钻研四书五经，编写参考书。万历四十二年（1614），受湖广麻城县世家子弟田生芝的邀请，冯梦龙赴麻城，与当地名士切磋研治《春秋》的经验。在这里，冯梦龙的才学得到充分发挥，他开设《春秋》的课程，深受当地学子追捧。成功的讲学活动，使冯梦龙声誉与日俱增，主盟结社，诗文酬唱，他都是场中主角，许多青年学子纷纷前来，拜师学文，穷经习史。

崇祯三年（1630），五十七岁的冯梦龙在推让了八次举贡机会之后，终于接受了岁贡生资格，走上了仕途。他以岁贡生的资格获任丹徒训导，训导为学官名。冯梦龙在丹徒训导任上，兢兢业业，工作出色，成绩卓著，口碑很好。他以自己的学识才华和资历声望，以及对莘莘学子无微不至的关爱和严格要求，赢得上司及同僚的器重和敬佩，博得生员们一致的爱戴和仰慕。

由于工作出色，冯梦龙被推举到寿宁任知县。当时的寿宁，建县不久，交通、经济、教育都极为落后，县学虽有设立，但废弃已久。冯梦龙到任后，有感于寿宁文风不振，科举不兴，便着手兴文立教。他与县里教谕廖灿、训导吕元英一起策划，利用上级下拨的修学专用基金"二十八金"，又从十分拮据的县财政中拨出"二十余金"，加上他自己的捐助金，把原学宫前移、扩大。他发动群众，在春节期间，竖柱立梁，"夜半而云集，比天明，柱已立矣"。在冯梦龙的关心和支持下，县学终于"堂宇载整，学门重建"，"朱丹既饰，视昔加焕焉"。看到焕然一新的学宫，寿宁百姓都十分振奋。同时，冯梦龙还每月到学宫"立月课"，将自己所著《四书指月》分发给诸生，并"亲为讲解"。父母官亲临教学第一线，对于学生来说，其鼓舞鞭策作用定然超乎我们的想象。他的课深入浅出，循循善诱，动之以情，晓之以理。因而，学宫里出现了"士欣欣渐有进取之志"的好风气，冯梦龙对此颇为满意，他欣慰地认为，如能这样坚持下去，"将来或未量也"。从此亦可看出他对士子的关怀和期望。叶有挺就是冯梦龙的得意学生。叶有挺年少有志，仅13岁就考入县学，冯梦龙见他勤勉好学，孝敬长辈，关心爱护弟弟，品行可嘉，便对他认真指导。叶有挺学业突飞猛进，顺治七年（1650），省学政郭公为叶有挺特举"孝廉"，顺治十四年以《礼经》中举，康熙九年（1670）庚戌科又中三甲第一百八十五名进士。叶有挺的成长是冯梦龙兴文立教"士欣欣渐有进取之志"的显著成果。叶有挺中举之后，不忘家乡父老的培育之恩，回籍奉养母亲三年，以尽孝道。在家乡时他一如过去贫贱之时那样谦恭有礼，对前来讨教的学子耐心指点教导，县内儒生争先恐后地向他求教。他关心百姓，发现寿宁各都图钱粮起运流弊多，便建议县里允许各都图各自起运，官收官解，这样迁移外地的里民又大多返乡安居。他一身正气，康熙十四年二月二十日靖南王耿精忠以高官相诱，他不为所动，最后以身殉节，享年五十八岁。其所作所为颇有冯梦龙风骨。

三、积极发挥教化功能，扶正气，育正风

《寿宁待志》卷下"劝诫"条有曰："磨世砥俗，必章劝诫"，表明了冯梦龙在作教化劝诫之功。冯梦龙在《寿宁待志》中除了记录"先达""孝子""节妇""乡宾""耆民""旌善亭"中的忠孝节义之人外，还着重记录了修建"申明亭"，公示犯人的姓名及其劣迹的情况。

明代每个乡村都建有两个"亭子"：一个叫"旌善亭"，一个叫"申明亭"。旌善亭专门用来表扬村里所发生的好人好事，即所谓的"善人义举"，鼓励人们积极向善。而申明亭正好相反，将乡村中所发生的"坏人坏事"和刑部选录的全国各地官吏违法犯罪影响比较大的事情，以及国家有关法令规定都摹写在亭中，以警示人们要遵纪守法，不要重蹈覆辙。由此，可以看出申明亭的作用有三：一是记恶，二是揭恶，三是读律。

冯梦龙很看重旌善亭与申明亭的作用，认为在处理那些有伤天伦、有违王法的案件方面，采取这种措施是很必要的。他发现，县中原有旌善亭上的名字没有万历二十年（1592）以后的人，说明旌善亭已废弃很久了，善良教化的风气因而得不到宣扬。他便认真筛选，将一些有善为的人的名字写在《寿宁待志》里，以示表彰。他还恢复了荒废已久的申明亭。到任的第一年，冯梦龙就兴师动众地

把一个名叫符丰的人的劣迹详刻在申明亭上。此人仇视自己的宗族，向上级告状，各级衙门都告了个遍。告状时还更改名字，假冒籍贯，诬陷别人杀人、做强盗，行为像鬼蜮一样，弄得到处乌烟瘴气。在冯梦龙看来，境内还有比符丰更坏的人，如陈伯进等，他希望通过申明亭对这些人的劣迹的昭告，能对愚劣凶悍的民风起一定的纠正作用。

四、怯假去虚，倡导真才实学

《警世通言·王安石三难苏学士》云："千虚不如一实。"冯梦龙一生都在求"真"，冯梦龙是一个"真人"。在文艺观上，他倡导"情真"，学习、做学问主张真学真才，对待友朋主张真诚、真挚，干事、办事讲究真干、实干。他编纂的"三言"，主流思想就是倡导"情真"。冯梦龙性格率真，以诚交友，从其友人写给他的诗文或评价他的文章来看，大家之所以喜欢与之交往，除了他的学识外，更重要的就是他的真诚和宽怀。

在担任寿宁知县后，他更是脚踏实地办实事，把这些"真"都落实在实践上、具体的行为中。关乎百姓的事，他都必求真实之情况。他之所以要以花甲之身踏遍全县各图，就是为了得到真实的县情、图情。在《寿宁待志》里他诚恳地说："余生平做事不求名但求实。"这是冯梦龙发自内心的话。

一是从《寿宁待志》的书名、内容上看。以"待"而志，一字显真。《寿宁待志》不叫"县志"而取名"待志"，"曷言乎待志？犹云未成乎志也。曷为未成乎志？曰：前乎志者有讹焉，后乎志者有缺焉，与其贸焉而成之，宁逊焉而待之。何乎待？曰：一日有一日之闻见，吾以待其时；一人有一人之才识，吾以待其人。"他认为他所写的这本书虽然订正了前志书的一些错误，但还不是很完美，还有待后人进一步地考察修订，表现出了严谨的治学精神。

二是考误、褒贬据实而书。在编写过程中，他尊重客观事实，对旧志中的记载一一核实，在《寿宁待志》的卷末附上"旧志考误"一节，并提出具体意见。这种实事求是的治史品质值得充分肯定。冯梦龙还一改一般县志褒多贬少、弄虚作假的歪风，他崇尚真实，在卷末附的"旧志考误"中大胆批评叶朝奏献媚讨好戴县令，指出其"叙事中多称功诵德之语，殊乖志体。宜直载其事，稍删赞美"。对于"一二阿好者"在乡贤祠为教谕杨一德立像一事，冯梦龙认为不当，并指出，杨在任仅一载，未闻有兴文立教之事，所以，"宜屏去土偶，虚其宫，以俟俎豆"。杨一德离任不过十年，冯梦龙了解他的教绩，所以，冯梦龙对杨一德的批评比较可信。他不仅严厉批评这等歪门邪风，更是以身作则，对于自己没能为人民争取福利而是屈从于上级的"升科造假"事件，他也如实地写进志书里，并表达了内心的愧疚。他还在"物产"一节中记载道："方竹难得之物，仅托溪西严寺有种，然细甚不堪作杖。志亦混载，宜削去，毋使后有求者，为地方累。"这几句不仅反映了冯梦龙据事直书实事求是的精神，最后四字"为地方累"更显示出冯梦龙为民着想之心。

三是甄别真假童生，反对冒充斯文。"寿无科第，惟二三贡宦"，物以稀为贵，寿宁老百姓对读书人比较尊重。"子衿往往反窃缙绅之重，里人严而逊之。"为了赢得人们尊重，居然有人鱼目混珠，冒充斯文来了。"平民不识一丁，苟挂名县试，公庭对簿，自称童生"，这其实也是明代科举的一种通病，有钱有势，即使目不识丁，也可以取得功名。高甲戏《连升三级》讽刺的就是这种事。冯梦龙反对学子作弊，对冒充斯文者决不姑息。他认真考核，采取措施，杜绝这一弊端。对一些冒牌货，他只"试一二破题，不能作，责之"，让他们出出洋相，流一身冷汗。自此之后，"伪童稍阻，然真童称童生如故"。

五、尊师尚文，礼贤士才

明代县学学官为教谕，训导佐之。教谕和训导都没有品级，正所谓"广文先生官独冷"。在寿宁这个既穷又小的"岩邑"，"庠诸生不过百五十人，俱散处乡村。与师长岁或一面，不甚浃洽，游泮贽仪，未免书券"，以致"广文先生仅饱苜蓿，抱膝高吟而已"，教书先生的生活相当清苦，甚至于"值远道多口，有不能治归装者"。冯梦龙把对他们境况的关切和同情集中为三个字："可念也！"一句"可念也"把冯梦龙对师长的怜爱尽数道来。在《寿宁待志》中，他对这些不入品的属员，非常尊重，口口声声称他们为"师尊"，表现了他的"待士有礼"。在"官司"一节中，他把历任教谕、训导名籍一一进行记载，把他们的位子摆在知县之后、典史之前，使这些人随着《寿宁待志》而留名后世。在议及陈醇等人宜入名宦祠时，冯梦龙提出，教谕贾遑、刘邦采"亦宜并议，以励师模"。为"广文先生"争取名位，冯梦龙可谓用心良苦，每每看到这里，人们总是感动不已。

后人在翻阅托溪吴氏家谱时，还惊喜地发现了冯梦龙给他任上最后一位贡生吴国化写的牌匾，上面写着"甲第先声"四字，对吴国化在学宫里所起的前导作用大为赞赏。吴国化后担任长乐教谕，升漳州教授。此一匾四字，足见冯梦龙对知识分子的尊崇。

总而言之，冯梦龙的教育思想、教育实践是非常丰富的，且影响极为深远。一方面，他通过编撰小说、戏曲、民歌、科举参考书等来表明自己的教育思想和实现教育、教化的作用；另一方面，他通过游学、讲学授课以及为官任上制定的一系列制度和实施的许多措施来推动教育、教化功能的实现。冯梦龙称得上中国古代史上一位独特的教育家。

参考文献：

[1]《寿宁待志》，冯梦龙著，福建人民出版1983年版。

[2]《寿宁待志注译》，冯梦龙著，陈元度注译，海峡文艺出版社2009年版。

[3]《冯梦龙集笺注》，高洪钧编著，天津古籍出版社2006年版。

[4]《冯梦龙》，马步升、巨虹著，江苏人民出版社2015年版。

（作者为寿宁县冯梦龙文化研究会会长）

文本今读

冯梦龙小说中的城隍意象与城隍俗信

裘兆远

摘　要：明代以来，城隍神开始被国家载入祀典，并成为明清社会被民众广泛接受的重要神祇。冯梦龙文学作品中的城隍素材，既有明代的时代特征，又体现了历史的延续性，是城隍神研究中的重要环节。冯梦龙小说中的城隍书写，对于还原明代的城隍俗信和社会风俗有着重要的史料价值。

关键词：冯梦龙　小说　城隍　俗信

　　明清以来，江南村间里巷弥漫着巫觋风气。受佛道教传统影响，江南地区盛传民间俗信活动，这些俗信活动的参与人员在繁荣的市井中或为城市精英，或为流动商贩，也有祖辈躬耕的农民，他们共同于潜移默化中改变着城市乃至乡间民众的文化消费习惯与俗信世界。明朝洪武初年，城隍被列入祀典，城隍俗信在官方与民众的互动中发生了较大变化。明清时代的江南，民间俗信也以城隍俗信最为普遍，城隍神与民众生活的联系更加紧密。

　　在"城隍"一词中，城指城墙，隍指护城之沟壑。商周的八蜡祭中便有祭祀水庸之神，水庸即护城河，这是最早的城隍神祭祀记载。《说文》谓"城以盛民"，"隍城池也，有水曰池，无水曰隍"。城隍作为防御工事，是守护民众生命财产的重要屏障。伴随社会的发展，佛道教对民间俗信的影响日益深远，原本属于自然神范畴的城隍神被人格化，成为守护城中百姓的人格神。

　　在民间社会，民众普遍认可城隍对城市的守护功能，把城隍的神格与城市的物理空间相联系，百姓积极为城隍建庙立像。从空间而言，城隍庙是民众开展城隍俗信活动的场所，是民众的情感寄托所在，它承载了大量的民间俗信元素。古代民众用阴阳表里的态度看待城隍神，把现实世界的不公与委屈诉诸聪明正直的城隍神，城隍庙成为民众击牲演剧的重要空间，一年数次的城隍赛会给城内外居民带来无尽的乐趣。古代民众的喜怒哀乐在城隍庙中不断演绎，城隍俗信教化下"阴阳一体"观念的影响深入里巷，渗透人心，城隍庙的信仰空间把民众对于神灵世界的无限遐想与集体回忆容纳其中。

冯梦龙"三言"中，多处写到江南地区的城隍俗信，如祈愿、赛会、祭厉等。冯氏文学作品中有关城隍的素材，真实反映了明代以城隍为中心的俗信生态圈，是城隍神研究中的重要资料。冯梦龙"三言"中的城隍书写，对于还原明代的城隍俗信和社会风俗有着重要的史料价值。本文立足"三言"中的城隍书写来展开，以此一窥有明以来的城隍俗信及其社会功能。

一、城隍俗信溯源

在冯梦龙《警世通言·苏知县罗衫再合》一篇中，有这样一段叙述："（高知县）分付门子，于库房取书仪十两，送与苏雨为程敬，着一名皂隶送苏二爷于城隍庙居住。"① 《苏知县罗衫再合》这一故事发生在明永乐年间，其时，城隍俗信经明朝洪武初年朝廷的大力推行，在民间已相当流行。《明史》卷四十九《礼三吉礼》"城隍"条载：

> 洪武二年，礼官言："城隍之祀，莫详其始。先儒谓既有社，不应复有城隍。故唐李阳冰《缙云城隍记》谓'祀典无之，惟吴越有之'。然成都城隍祠，李德裕所建，张说有祭城隍之文，杜牧有祭黄州城隍文，则不独吴、越为然。又芜湖城隍庙建于吴赤乌二年，高齐慕容俨、梁武陵王祀城隍，皆书于史，又不独唐而已。宋以来其祠遍天下，或锡庙额，或颁封爵，至或迁就傅会，各指一人以为神之姓名。按张九龄《祭洪州城隍

---

① ［明］冯梦龙《警世通言》，上海古籍出版社1992年版，第95页。

文》曰：'城隍是保，氓庶是依。'则前代崇祀之意有在也。今宜附祭于岳渎诸神之坛。"乃命加以封爵。京都为承天鉴国司民升福明灵王，开封、临濠、太平、和州、滁州皆封为王。其余府为鉴察司民城隍威灵公，秩正二品。州为鉴察司民城隍灵佑侯，秩三品。县为鉴察司民城隍显佑伯，秩四品。衮章冕旒俱有差。命词臣撰制文以颁之。

　　三年诏去封号，止称其府州县城隍之神。又令各庙屏去他神。定庙制，高广视官署厅堂。造木为主，毁塑像异置水中，取其泥涂壁，绘以云山。六年制中都城隍神主成，遣官赍香币奉安。京师城隍既附飨山川坛，又于二十一年改建庙。寻以从祀大祀殿，罢山川坛春祭。永乐中，建庙都城之西，曰大威灵祠。嘉靖九年，罢山川坛从祀，岁以仲秋祭旗纛日，并祭都城隍之神。凡圣诞节及五月十一日神诞，皆遣太常寺堂上官行礼。国有大灾则告庙。在王国者王亲祭之，在各府州县者守令主之。①

　　明洪武二年（1369），城隍神信仰在全国推广，并且按照城隍神所管辖的区域差异，各赠其爵位，封京师城隍为帝，封开封、临濠、太平、和州等大城市的城隍为王，又封府、县城隍为公、侯。在全国推行城隍神的过程中，洪武三年命免去历朝封号，又肃清城隍庙中的杂祀与陪祀，去城隍像，设城隍木主，即去城隍神的人格化形象，回归自然神的本体。明确"国有大灾则告庙"，可见明朝统治者视城隍为重要的御灾之神。因政治地位与社会地位的特殊，各地城隍须由守令亲自祭祀。

　　有关明代以前的城隍俗信，清人顾禄在《清嘉录》中有较为完整的说明，较为清晰地勾勒了城隍神在民众与官方的互动中不断被认可、接受、演变的过程。他在"山塘看会"的按语中称：

　　《易》："城复于隍。"此城隍之名所由昉也。《左传》："祝

---

① ［清］张廷玉等《明史》，中华书局2013年版，第1285—1286页。

宗用马于四墉。"又，"祈于四墉"。杜预注："墉，城也。"钱竹汀以为城隍之祀之滥觞。赵与时《宾退录》谓："芜湖城隍祠，建于吴赤乌二年。"是三国时已有之。《北史》：慕容俨镇郢城，"城中先有神祠一所，号城隍神"。《南史》：梁邵陵王纶，"祭城隍神"。《隋书·五行志》："梁武陵王纪，祭城隍神，将烹牛，有赤蛇绕牛口。"纶与纪，皆与俨同时，祀城隍神，见诸此。至唐遂盛，张说、韩愈、杜牧之、麹信陵，皆有祭城隍之文。杜甫、羊士谔有赛城隍诗。李白《鄂州刺史韦公德政碑》云："大水灭郭，公抗词正色，言于城隍，其应如响。"李阳冰《缙云县城隍庙记》云："城隍神，祀典无之，吴越有尔。"李昉等《太平广记》："吴俗畏鬼，每州县必有城隍神。"欧阳公跋云："城隍庙，今天下皆有，而县则少。"《宾退录》又云："负城之邑，亦有与郡县两立者。"陆放翁《镇江府城隍庙记》云："唐以来郡县皆祭城隍，今世尤谨，守令谒见，仪在他神祠上。社稷虽尊，犹以令式从事，至祈禳报赛，独城隍神而已。"陆凤藻《小知录》载："洪武二年，上在朝阳殿，梦东莞城隍及钵盂山土地云：'每岁致祭无祀，一次不敷，乞饬有司岁祭三次，庶幽魂得以均沾。'上觉而异之，召礼部议，诏天下无祀者，岁凡清明、中元、十月朔，郡邑官致祭，着为令。我朝因之。"①

明初，城隍信仰在国家推动下普及全国，朝廷官员到任都必须先至城隍庙拜谒。城隍庙因其政治地位特殊，它的社会功能也变得复杂。《苏知县罗衫再合》中高知县吩咐皂隶带苏雨去城隍庙居住，苏雨亡故又停柩庙中的情节，说明城隍庙在明代不仅具有安置旅人歇脚暂居的功能，还为社会上差旅行商等提供暂停灵柩的空间，城隍庙的作用超出一般俗信层面，在救济等方面也在发挥着积极的社会功能。同时，高知县吩咐道士看管灵柩，说明明代的城隍庙由道

---

① ［清］顾禄《清嘉录》，王密林、韩育生译，江苏凤凰文艺出版社2019年版，第98—99页。

士负责日常管理，这既是对唐宋城隍庙管理制度的延续，也反映了明朝政府的宗教政策。明朝帝王尊崇道教，城隍庙的管辖权明确归道士所有，这一传统延续至今。这种所有权归属为考察城隍信仰中的道教因素提供了重要线索。

二、明以来城隍功能的累加

洪武三年六月，国家制定城隍庙规制，明确了城隍庙的格局、配置什器等。明代还要求官员上任前需向当方城隍禀报，在城隍的监督下履职。《杨谦之客舫遇侠僧》反映了这一社会现实："（杨谦之）等待三日，城隍庙行香到任，就坐堂，所属都来参见，发放已毕。"① 城隍的角色功能与地方官府治理阴阳表里，祈祷风调雨顺、官员任职、人事考核等都在城隍庙举行，说明城隍的职权已远远超越其原本管辖阴司的范畴，朝廷借助神灵的威慑力，通过官员对于神灵的敬畏，监督官员，起到积极的劝善与劝廉作用。

明清以来，各州县的城隍庙数量直线上升，江南各市镇也纷纷修建城隍庙。据统计，仅苏州城西就有城隍庙数处，《吴门表隐》转引《虎山岳庙考》载："光福都城隍庙在虎山，明永乐初建，渎川城隍庙在木渎南街，穹窿城隍庙在善人桥镇，一在金家涧，凤冈城隍庙在峙崦岭下，聚坞城隍庙在潭东，阳司城隍庙在姚市后庙下村，卫王城隍庙在大市上毛村后姚港山，褚山城隍庙在褚山村，圌山城隍庙在谢宴岭。"② 吴江盛泽一镇有四座城隍庙，光绪年间常熟一县城隍庙增至十五座。

政府的推行，使城隍庙的社会教化功能凸显，同时也使市民对城隍庙的实际诉求有所增加。明以后，城隍庙功能已扩展到社会的很多方面：

（1）阴间户籍的执掌。江南地区民间至今仍保留着人亡故后到当地城隍庙报销户籍的风俗，人亡故后先由地方仵作验视，确认其属正常死亡便可入殓。入殓后，家属则带死者生主牌位到城隍庙报

---

① ［明］冯梦龙《喻世明言》，海南出版社1993年版，第211页。
② ［清］顾震涛《吴门表隐》，甘兰经等校点，江苏古籍出版社1999年版，第126—127页。

到。每逢亡者做七,须到城隍庙烧"七香"。家属到城隍庙注销户口时,一般由庙祝或者当地的火居道士把亡者的死亡时间和亲属信息登记在门图①上,每年清明、中元、冬至、春节,庙祝给每家送五代祖先②(五服)的生日、忌日信息,这些信息用黄表纸誊写,套以红纸笺壳,笺写"祭祀正常",上盖城隍庙图章,分户发放,主家收到,则酬以钱物,祭祀时按照疏上开列人数设祭。③

(2)对百姓的护佑与对邪祟的惩治。《金令史美婢酬秀童》描写捕盗对秀童用了私刑无果,想着自己罪不能免,"十分着忙,商议道:'我等如此绷吊,还不肯吐露真情,明日县堂上可知他不招的。若不招时,我辈私加吊拷,罪不能免。'乃请城隍纸供于库中,香花灯烛,每日参拜祷告,夜间就同金令史在库里歇宿,求一报应"④。从材料看,城隍神不仅护国而且佑民,捕盗在库中供奉城隍纸马,可见城隍俗信在民众中已十分普及。城隍纸马的出现是城隍神被大众接受的一个重要信号。城隍神成为私人的保护神,被民众私祀,是国民信仰一体化的表现,城隍列入祀典,与东岳信仰、真武信仰,以及佛、道教的地狱教化相互结合,融会贯通,城隍被编入幽冥信仰的系统之中。民众遇到棘手的难题都会请求城隍神的救助,其中有一种称为"阴状",冤主遇冤屈或邪祟侵扰可于城隍庙投诉状,以求城隍神的冥助。清人朱翊清《埋忧集》记载:

> 吾乡朱先生某,中年丧偶,无子。遗一女,年十六矣,意态幽闲,颇娴闺训,先生视如拱璧。一日倦绣欲睡,甫就枕,见一书生,裙屐翩然,搴帷而入。女惊起欲遁,生遽前拥之,手足如缚。女将号,而舌已入口,昏不知人。由此昼夜颠狂,忽歌忽笑,或自褫其衣,有令人不忍见者。先生百计驱遣,卒

---

① 门图,也叫阴册或者珍珠簿,用来登记庙里所辖村镇各家亡人及家属信息,它是火居道士经营业务的重要档案资料,因其珍贵而被称为珍珠簿。
② 民间五服以内每年设祭的儒家传统一直被沿用,道士门徒内有新亡人而产生第六代亡人时,则删去第六代名单,并为第六代老亡人追荐。
③ 盅筷实际摆放数量若比开列数量多,则是亡人之兆;实际摆放数量若比开列数量少,则必定有某位祖先不得享用羹饭。
④ [明]冯梦龙《警世通言》,上海古籍出版社1992年版,第137页。

无一效。或言东岳庙城隍神颇著灵爽，可往诉也。先生喜，遂自缮疏，列状以往，祝而焚之，乃还视女。甫入房，女忽起坐床沿，以手指窗外，笑问朱曰："阿爷，亦见其枷锁郎当、回首涕泣而去耶？"先生异之，就问其状，则掩袂羞赧不能言。再问之，则盈盈欲涕，而其病已如梦骤醒矣。

郡有富室某氏子，娶妇金氏，才数月，为祟所凭。其妇貌仅中人，自遇祟后，放诞风流，殆无宁晷。惟夫入与共寝，帖然安枕，绝无狂态，出则如故矣。或问之，则曰："以两雄共一雌，不禁意索，故暂且避去。然彼岂能长守此鸿沟耶？"其母在旁唾曰："淫鬼扰害如此，吾将诉之天师，遣法官来捉汝，塞瓶内烹却，始雪吾恨。"妇笑对曰："母勿嗔。某为归安城隍三太子，爱汝妇肌莹如玉，气息吹兰。今后尚应蠲吉迎归署中，永为白头之好，必不忍中道乖离也。"时其父亦在，闻之，退即具状投城隍庙焚之。比返，则其女已沉沉睡去，安帖如常矣。惟醒后神气怯弱，药之数剂而起。①

两则材料中，百姓受邪祟所扰后都诉状于当境城隍庙，最后城隍神显灵，遣除邪祟，苦主得以保住性命。

（3）行业争端的调节。顾禄描写清代的城隍庙"郡中市肆，悬旌入行，以及聚规罚规，皆在庙台击牲演剧，香火之盛，什佰于他神祠"②。城隍神成了赏罚臧否的重要神灵，在民众中威望颇高。"庙台击牲演剧，香火不绝"，反映出江南地区的经济繁荣，商贾贸易往来，城隍神成了解决行业冲突争端的重要神祇。清代行业神崇拜得到极大的发展，各行各业的保护神纷纷涌现，木匠供鲁班、织工供嫘祖、医师供三皇、酒家供葛仙，行业神在行业内部起着监察作用。香烛纸马、演剧击牲不是白白浪费，遇有同业纠纷、伙友争议、违章事件、本业习惯等问题，行业神充当仲裁的角色。但超出行业层面，行业与行业之间、民众之间等纠纷的处理便都需要仰仗

---

① ［清］朱梅叔《埋忧集》，熊治祁标点，岳麓书社1985年版，第89—90页。
② ［清］顾禄《清嘉录》，王密林、韩育生译，江苏凤凰文艺出版社2019年版，第101页。

城隍神。城隍神充当的断讼赏罚职能丝毫不逊色于现实世界中的地方官员。

三、城隍俗信衍生及民众互动

民众有难言苦衷，在城隍庙祝祷，求城隍神阴助，至心愿得了，则以各种形式还愿，亦叫还愿心。《金令史美婢酬秀童》中写道："方知去年张二哥除夜梦城隍分付：'陈大寿已将银子放在橱顶上葫芦内了。'……神明之语，一字无欺。果然是：暗室亏心，神目如电。过了几日，备下猪羊，抬往城隍庙中赛神酬谢。"① 酬神是民众对神灵助佑的反馈。冯梦龙笔下的酬神活动十分常见，《乐小舍弃生觅偶》中乐和与喜顺娘得潮王相救，（孩子）满月后，乐和同顺娘备了三牲祭礼，到潮王庙去赛谢。② 《假神仙大闹华光庙》中魏生得华光相救，自备三牲祭礼，往华光庙赛愿、保福。魏生病愈后，父子往华光庙祭赛，与神道换袍，又往纯阳庵烧香。③ 《勘皮靴单证二郎神》描写韩夫人许愿心："侍儿们即取香案过来。只是不能起身，就在枕上，以手加额，祷告道：'氏儿韩氏，早年入宫，未蒙圣眷，惹下业缘病症，寄居杨府。若得神灵庇护，保佑氏儿身体康健，情愿绣下长幡二首，外加礼物，亲诣庙廷，顶礼酬谢。'"心愿了了以后，韩夫人制办赛神礼物，绣下四首长幡以还愿心。④ 《张孝基陈留认舅》中过迁以"这三两日因同学朋友家中赛神做会"⑤ 为由搪塞父亲。《黄秀才徼灵玉马坠》中男女主人公借水神生日父往祭赛而相约。《滕大尹鬼断家私》又有"一伙村人抬着猪羊大礼，祭赛关圣。善述立住脚头看时，又见一个过路的老者，挂了一根竹杖，也来闲看，问著众人道：'你们今日为甚赛神？'众人道：'我们遭了屈官司，幸赖官府明白，断明了这公事。向日许下神道愿心，今日特来拜偿。'"⑥ 冯梦龙笔下的酬神活动不一而足。

---

① ［明］冯梦龙《警世通言》，上海古籍出版社1992年版，第141页。
② ［明］冯梦龙《警世通言》，上海古籍出版社1992年版，第217页。
③ ［明］冯梦龙《警世通言》，上海古籍出版社1992年版，第271—272页。
④ ［明］冯梦龙《醒世恒言》，海南出版社1993年版，第189页。
⑤ ［明］冯梦龙《醒世恒言》，海南出版社1993年版，第260页。
⑥ ［明］冯梦龙《喻世明言》，海南出版社1993年版，第118页。

明清时期，城隍祭祀俗信活动的风气炽盛。顾禄《清嘉录》描写清明苏城百姓至山塘看会，其中写道：

> 清明日，官府至虎邱郡厉坛，致祭无祀。游人骈集山塘，号为看会。会中之人，皆各署吏胥，平日奉侍香火者。至日，各舁神像至坛。旧例：除郡县城隍及十乡土谷诸神之外，如巡抚都土地诸神，有祭事之责者，皆得入坛，谓之督祭。凡土谷神，又咸以手版谒城隍神。短簿祠道流，以王珣为地主，袍笏端庄，降阶迎接。每会至坛，箫鼓悠扬，旌旗璀璨，卤簿台阁，斗丽争妍。民之病愈而许愿服役者，亦多与执事。或男女缧绁装重囚，随神至坛，撒枷去杻，以为神赦。选小儿女之端好者，结束鲜华，赤脚跂立人肩，或置马背，号为巡风。会过门之家，香蜡以迎，薄暮反神于庙，俗呼转坛会。①

清代的祭厉是围绕城隍神展开的一项官府例行活动，主要祭祀城中无祀之鬼。这一活动在官府的带动下盛况空前，也给民众带来无限乐趣。吴中文人有大量诗文记录这一会况，蔡云《吴歈》云："纷纷神役与神囚，多事舁神到虎丘。却爱巡风小儿女，绣衣花帽骋骅骝。"② 从清代城隍俗信看来，城隍神已经拥有大批信众，他们甘愿缧绁装扮重囚，还积极推荐儿童在城隍会中扮演台阁人物。清代厉祭中，城隍与各地土谷神的互动甚至让有识之士感到荒诞不经，郭麐在《山塘竹枝词》中称："灵旗社鼓说迎神，长吏同班露冕春。一例折腰手版内，那知张翰与王珣？"③ 表达了郭麐对城隍神与土谷神人格化和社会化的存疑。杨韫华《山塘棹歌》云："三驺排立厉

---

① ［清］顾禄《清嘉录》，王密林、韩育生译，江苏凤凰文艺出版社2019年版，第98页。
② ［清］顾禄《清嘉录》，王密林、韩育生译，江苏凤凰文艺出版社2019年版，第98页。
③ ［清］顾禄《清嘉录》，王密林、韩育生译，江苏凤凰文艺出版社2019年版，第98页。

坛匀，县长朝来监祭神。一样阴司重地主，阶前袍笏立王珣。"① 杨氏嘲笑阴司也模仿现实社会的森严等级制度，民众歪曲城隍祭祀的本意，复杂的阴间等级制度下必然有大量的民间俗信活动产生，它为民间巫觋之辈开展各色迷信活动提供了可趁之机。民众赛会的背后是鲁迅在《无常》一文中所感叹的复杂心理："吁！鬼神之事，难言之矣。"

四、冯梦龙作品中的城隍意象

冯梦龙小说作品中，有大量关于风俗人物与神道鬼怪的写真。其中，城隍意象的书写既有对唐、宋、元各朝城隍意象的传承，也有结合明朝的时代背景对城隍意象所作的新的阐发。"三言"中，城隍人物性格鲜明，赏善罚恶丝毫不爽，城隍的选拔也是等级森严，不亚于现实社会中的取士。对于不能恪尽职守的城隍，冯氏用犀利的文字描写其或遭贬黜或受刑的情形，构建出一个赏罚分明的俗信世界，使得现实世界不能实现的理想在彼岸世界得以成真。

《旌阳宫铁树镇妖》一篇中，"真君复回至西宁，怒社伯不能称职，乃以铜锁贯其祠门，禁止民间不许祭享。今分宁县城隍庙正门常闭，居民祭祀者亦少。乃令百姓崇祀小神，其人姓毛，兄弟三人，即指引真君桥下斩蛟者。今封叶佑侯，血食甚盛"②。真君对不能尽职的城隍，用铜锁锁其庙门，禁止民间祭祀，这是对城隍渎职的惩处。民众在真君引导下崇祀毛姓兄弟，是对保境护民神灵的嘉赏。《张古老种瓜娶文女》中有描写惩罚城隍的片段："殿下列两行朱衣吏人，或神或鬼。两面铁枷，上手枷著一个紫袍金带的人，称是某州城隍，因境内虎狼伤人，有失检举；下手枷著一个顶盔贯甲，称是某县山神，虎狼损害平人，部辖不前。看这张公书断，各有罪名。"③ 张古老对因不能阻止虎狼伤人的下界城隍、山神而上枷锁论罪。城隍在监督辖区官员的清正廉洁时自己也是被监督的对象，若

---

① ［清］顾禄《清嘉录》，王密林、韩育生译，江苏凤凰文艺出版社2019年版，第98页。
② ［明］冯梦龙《警世通言》，上海古籍出版社1992年版，第407页。
③ ［明］冯梦龙《喻世明言》，海南出版社1993年版，第378页。

在保境安民中稍有疏忽，也要被问责。

《任孝子烈性为神》一篇中，又有："小儿说道：'玉帝怜吾是忠烈孝义之人，各坊城隍、土地保奏，令做牛皮街土地。汝等善人可就我屋基立庙，春秋祭祀，保国安民。'说罢，小儿遂醒。当坊邻佑，看见如此显灵，那敢不信？即日敛出财物，买下木植，将任圭基地盖造一所庙宇。连忙请一个塑佛高手，塑起任圭神像，坐于中间，虔备三牲福礼祭献。自此香火不绝，祈求必应，其庙至今尚存。"① 作品中的降神场景，是冯梦龙结合民间惯见的降神巫术，演绎冥界的官场举荐。冯梦龙把民间故事中常见的场景移植到自己的作品中，增强了生活气息。用小儿之口讲述城隍土地在玉帝面前保奏任孝子，这一纯粹文学性的描写，也给后世的城隍神人格构建提供了题材与元素。同样，有关城隍神的举荐任职的情节，在冯梦龙神怪题材的小说中比比皆是。《沈小霞相会出师表》："忽一日，梦见沈青霞来拜候道：'上帝怜某忠直，已授北京城隍之职。屈年兄为南京城隍，明日午时上任。'冯主事觉来甚以为疑。至日午，忽见轿马来迎，无疾而逝。二公俱已为神矣。"② 上文提到明代洪武二年（1369）、洪武三年国家对城隍神的祭祀有明确的规制，取消其人格神，代之以自然神，但在文学作品中，城隍神继续以人格神出现，职务还是玉帝亲授。显然，在民众看来，人格化的城隍意象更有血有肉有温度，是民众所能感知的神祇。

城隍俗信有别于中国制度性宗教的民间信仰传统，明代能将它列入祀典足见其在正统文化中占有重要地位。城隍俗信既蕴含儒家传统，又深得道家青睐。在官府的带动下，广大底层百姓主动接纳城隍信仰，城隍成了俗信文化的重要载体。国家对城隍委以保家护国的重任，民众对其寄予护宅去邪的厚望，多元的需求在城隍俗信中重叠互融。

冯梦龙文学作品中有大量城隍俗信的素材与场景，还原了明代围绕城隍俗信开展的各种俗信活动，这不仅对于研究明清俗信传统

---

① ［明］冯梦龙《喻世明言》，海南出版社1993年版，第446页。
② ［明］冯梦龙《喻世明言》，海南出版社1993年版，第471页。

与俗信的流变有着重要的文献价值,而且对后代的城隍信仰与社会互动具有重要的指导意义。例如,城隍的祭厉与出会,形式上是保境安民,实质上是带动全民参与,集体狂欢,是明清社会中一项不可缺少的娱乐活动;城隍会经常与演剧相结合,这无疑增强了城隍俗信的娱乐性,使民众的俗信与娱乐进一步结合,反映了神民同乐在民间俗信中的重要地位。另外,在庙会基础上营造的商业氛围带动了地区经济的发展,丰富了民众的日常生活,定期的庙会使游动商贩蚁集,给小农经济向市场经济转变提供动力。城隍会中仅赛会一项,就有各种珍稀宝玩,动辄数十万金的花费,足见局部地区经济的发达与百姓的富庶,虽奢侈,但也反映了一个时代的繁荣。

【本文系国家社科基金重大项目"太湖流域民间信仰类文艺资源的调查与跨学科研究"(17ZDA167)的阶段性成果】

(作者为北京大学中文系博士后,主要研究方向为民间文学)

《寿宁待志》：一部文人自觉的地方志

李梅芳

摘　要：《寿宁待志》是冯梦龙四载宦寿期间自主编撰的一本地方志。该志有着鲜明的个人印记，无论是内容还是形式都呈现出独特而鲜明的特点。《寿宁待志》在方志学、史学、民俗学、文学等领域都具有很高的价值，是研究冯梦龙生平、思想的重要资料，也是研究明末寿宁乃至闽东历史的宝贵文献。

关键词：冯梦龙　《寿宁待志》　地方志　文人自觉

冯梦龙在通俗文学上成就卓著，但很多人并不知道他在史学上同样贡献出了不朽的力量。他先后编著了《寿宁待志》《甲申纪事》《中兴实录》《中兴伟略》等历史著作。其中，《寿宁待志》是冯梦龙在偏远闭塞的寿宁担任知县时自主编撰的一本记载寿宁县历史、地理、政治、经济、人文风土全貌的地方志。它是我们研究明末寿宁乃至闽东历史的宝贵文献，也是我们研究冯梦龙生平、思想的重要资料。

明代在朝廷推动之下修志风潮盛行，这些地方志虽然为地方历史保存了珍贵的文献资料，但官府督办、主持修撰的性质决定了它们在思想内容上不免趋于保守，粉饰太平，在形式上也不免因循守旧。张鹤年、戴镗两次修寿宁县志的行为便是这一历史背景下诞生的产物。到了明朝末期，国力衰微，社会动荡，修志之风渐显落寞，冯梦龙编撰《寿宁待志》体现出的更多的是文人的自主自觉行为，它被烙上了鲜明的个人印记，无论是内容还是形式都呈现出独特而鲜明的特点。

一、平目断代，承前启后

《寿宁待志》在志目结构上属于平目体地方志。它由"小引""正文""附旧志考误"三部分构成。正文分为上下两卷，上卷包含疆域、城隘、县治、学宫、香火、土田、户口、升科、赋税、恩典、积贮、兵壮、铺递、狱讼、盐法、物产、风俗、岁时等十八个条目，下卷包含里役、都图、官司、贡举、坊表、劝诫、佛宇、祥瑞、灾异、虎暴等十个条目。这些条目只有一层类目，并列平行，互不统属。这种体式便是平目体即条目体，它类目清晰、结构简单，便于编撰、检索，比较适合内容单一、字数较少的志书。冯梦龙基于寿宁"地僻人难到"、文献资料匮乏、所修之书又为断代体志书的现实情况，采用了这种可以直接记录当时社会情况的体式。

《寿宁待志》在所叙时间上属于断代体地方志，这使得它在同时期以通志为主体的地方志著作中显得与众不同。在序言性质的"小引"里，冯梦龙除了对书名做了解释，还表达了自己对方志学的见解："曷言乎待志？犹云未成乎志也。曷为未成乎志？曰：前乎志者有讹焉，后乎志者有缺焉，与共贸焉而成之，宁逊焉而待之。何待乎？曰：一日有一日之闻见，吾以待其时；一人有一人之才识，吾以待其人。"①"言'待'不言'续'，总之未成乎志云尔。旧以待余，余以待后之人。"冯梦龙用历史发展的眼光将所修之志准确定位为承前启后的作品，它虽然保存了上一部县志修撰以来的文献资料，但冯梦龙并不以"续志"为名，而是秉承谦虚审慎的精神意味深长地将县志取名为《寿宁待志》，并在县志正文后"附旧志考误"。这种实事求是的修志态度在当时来说是很可贵的，它打破了一般地方志的窠臼，为后人还原了真实的寿宁当时当地的历史面貌。

二、直载其事，无所避讳

冯梦龙在"附旧志考误"中写道："志书即一邑之史，旧志成于邑人叶朝荣之手，未免贡谀戴令，叙事中多称功诵德之语，殊乖

---

① 注：本篇引文皆出自海峡文艺出版社2009年版冯梦龙著《寿宁待志》。

志体。宜直载其事,稍删赞美。""势利吏部,反掩公心,亦宜删去,文更紧切。"这些文字充分体现出冯梦龙不"为尊者讳"的修志理念,与司马迁"秉笔直书"的精神一脉相承。冯梦龙在书中毫无避讳地记叙了统治集团内部欺上瞒下、分崩离析的丑恶情状。

一如《户口》中有记载:"户口之有增减也,势也。时有平乱,岁有稔歉,政有善败,家有消长。第减之,则蒙流亡之谴;增之,则贻加赋之累。故每大造黄册,姑以故籍为主而附会成之,前后不甚相悬。"因为害怕被上级责备无能或者加重征收赋税的负担,这些地方官就选择不作为,瞒报户口;"或受奸欺,或徇情面,苟且完局,全不推敲"。地方官草率马虎对待统计户口一事,以至于做出"其一丁而兼二三丁者不可胜述;而有力之家,或数十丁而完一丁"这样"最不平之事"。

再如《升科》在一开头就毫不避讳地指出:"天下有名美而实不美者,升科是也。"升科以开垦田地的多少作为明代考察官吏政绩的一项依据,确实在一定程度上起到过积极作用。但凡事都得讲求实事求是,寿宁山高地狭,没有多余的空地可以开垦,"牵于文法"难免让百姓不堪其苦,县官也"不行其志",冯梦龙自言"当下数升愧汗"。

诸如以上提到的这些不平、不合理之事在《寿宁待志》中还有诸多记录,冯梦龙将当时统治阶级内部矛盾重重、吏治腐败的状况据实写出,与一般志书"为尊者讳"的做法不同,体现出其深有远见的史学思想和伟大的人格魅力。

三、叙事文笔,重可读性

冯梦龙著有"三言"、《新列国志》《新平妖传》《太平广记钞》《情史》《智囊》等诸多白话小说和文言笔记小说,这些作品因其很强的可读性而在文学史上留下浓墨重彩的一笔。作为通俗文学家的冯梦龙同样也很重视县志的可读性,《寿宁待志》中有很多文字显示出其不俗的文学修养。

冯梦龙不惜花费绝大部分的篇幅在《狱讼》中详细记叙姜廷盛砍伤其弟一案,想必它是冯梦龙在寿宁处理的最头疼的案件:

寿人凶悍有出理外者。青竹岭村人姜廷盛，盛气而来，谓同弟征粮至三望洋地方，为刘世童劫其粮而砍伤其弟。保家凿凿为证，验伤刀创可畏。未几，世童亦至，诉云廷盛自砍其弟，欲以诬之。余念兄无砍弟之理，且白昼自砍，何能诬人？然廷盛蓬垢不可近，而世童衣履如常，应对暇豫，又不似曾交手者，且各召保。次日午，余命舆拜客，既出西门，径诣三望洋，遍询父老儿童，莫不言廷盛自砍。闻其亲姨吴氏，尔时曾来劝解，所居不远，召至询之，亦但言误伤。而童子姜正传即廷盛本族，乃目击其事奔报吴氏者，言自砍不虚。详究其故。廷盛以里役事苛责世童，世童首之县，廷盛恨甚；有弟瘤手，盛素恶其坐食。至是，携之诣刘索斗，冀一交手则毙弟以陷之；刘不与角，益愤且惭。值肉案有屠刀，即取之掷弟，中额，血被面，盛亦取自涂而为肤受之诉耳。始知天理所必无，未必非人情所或有也。余乃重扑廷盛，取同保家甘结，俾领弟回疗治。若不死，许从宽政，否则尔偿！盛计窘，谨为调护，遂得无恙。假使余不躬往或往而不密，必为信理所误矣。令此地者当知之。

姜廷盛因为里役的事过分责备过刘世童，刘世童不服气，告到县上。姜廷盛对其恨之入骨，借自己砍伤只会张嘴吃饭的瘤手弟弟来诬告报复。冯梦龙通过亲自暗访，还原了真相，逮捕了姜廷盛，还强调了亲自调查的重要性，显示出冯梦龙不凡的办案能力。这段文字一气呵成，语言生动流畅，叙事井井有条、不拖沓，全然可以被当作一篇优秀的通俗小说来读，这在其他地方志里很难看到。

又如《兵壮》中用"危峰幽壑，一望林莽，落落村烟，点缀其间，前后左右，叫呼不相应"如此凝练而又生动的语言便将寿宁小山城的特点勾画出来了。再如《香火》中叙述了马仙的生平事迹、马仙信仰的形成、祭祀马仙的过程和马仙宫外溪水中的"神鱼"，这段叙述条理清晰，语言通俗易懂、明白晓畅，颇具传奇色彩，又是很有价值的民俗资料。

《寿宁待志》不是官方督办主持的结果，而是冯梦龙自觉的文人独立修志行为的产物,因而它与诸多文字枯燥乏味的地方志相比,显现出了很鲜明的通俗文学家自带的文学色彩,文学家的叙事文笔使得这本地方志读来不枯涩,甚至有些还饶有趣味。

四、关怀现实,同情悲苦

冯梦龙在《寿宁待志》中用大量篇幅记叙了下层百姓的悲惨遭遇,对百姓的艰难处境给予了极大的同情,这也使它区别于一般的地方志。

当时寿宁官吏和地主豪绅对百姓残酷剥削,赋税、地租、里役这些沉重的负担压得百姓喘不过气来。《里役》中有记:"图甲十年一轮,凡征解、送迎出入之费悉见年任之","衙门公馆修理不敷,亦取办焉",以至于"穷民典妻卖子,犹不能偿"。"去任就任,肩舆负担多者至百余名,最少亦数十名。而本境之内又例当备饭接应,各役视为公费,需索酒食无厌,此费皆出于见年里役。""至今宦债未清,屡见讼牍,而图民遂有典妻卖子犹不能偿者。本官之用有限,而里役之派无穷。"冯梦龙眼看百姓如此疾苦,想方设法拯救,采取下一轮造册的时候只审定人口,不查家产,选择富有造册经验的人来承办,规定县官迎来送往费用的定额等举措,使得百姓一直以来所承受的里役之苦有所缓解。

《岁时》中记载过年时贫苦人家在外挣钱糊口,有的半夜才回家,用还债剩下的一点钱,置办鞋帽过年;有的穷人还得躲债到过了年才回家。贫苦人有家难回,有年难过。《风俗》中记载了"典妻"的悲惨情况,小户人家稍不合意,抛弃妻子就像扔掉破鞋一样。有的人因为家里急需用钱,把妻子作为抵押借钱或把妻子卖掉,并不把这看作一件不体面而应该忌讳的事。有的人把妻子租给别人生儿子,久借不回来的,就写卖身契。寡妇为生活所迫,丈夫丧期未满就改嫁了。

诸如此类贫苦百姓的生存困境都被一一记录在县志里,若不是冯梦龙亲近百姓、深入民间进行细致的调查研究,并时刻怀着一颗关怀现实、体察民间疾苦、想尽办法为百姓谋幸福的心,这一切便不可能做到。

五、史料互涉，寄托抱负

《寿宁待志》中大量记载了冯梦龙四载宦寿期间的施政活动和政治思想，还收录了他在任期间创作的公文、诗作。

《寿宁待志》中记载了冯梦龙亲身参与经历、亲身调查研究的政治活动及政治思想。《学宫》一篇中详细记录了冯梦龙发现"学宫久倾颓"便多方筹钱重修的事迹；《升科》中评述升科之弊时，冯梦龙为自己未能如愿革除弊端而发出"异日见景云，当下数升愧汗矣"这样的慨叹；《风俗》中记载冯梦龙在县学设置"月课"，给每位生员发一部《四书指月》，亲自为他们讲解。县志中还有除虎暴、修城门、立东坝、革弊政等事件，不胜枚举。

《寿宁待志》收录了很多由冯梦龙本人撰写的各种公文。例如《里役》里收录了他向上级条陈的十三款有关整治里役制度的一款。还有著名的《禁溺女告示》则被完整地收录在《风俗》里。从这些公文中可以看出冯梦龙施政期间秉承着实事求是、为民办实事的理念，同时这也展示出这位"学而优则仕"的传统文人和父母官面对上级和下级时在公文的处理上表现出的不同特点，堪称公文写作的典范。

《寿宁待志》中收录了很多以寿宁当地风土民情为创作题材的诗作，包括《石门隘》《戴清亭》《催征》《纪云》《竹米》（二首）、《瑞禾》（二首）。最著名的要数收录在《县治》中的《戴清亭》："县在翠微处，浮家似锦棚。三峰南入幕，万树北遮城。地僻人难到，山多云易生。老梅标冷趣，我与尔同清。"这首诗不仅用精辟生动的语言点出了寿宁这个小山城偏僻闭塞的特点，还直接道出了冯梦龙的政治抱负和人生理想，体现出其高贵的人格品质。

因为这些，《寿宁待志》被附着上了很鲜明的自传性色彩，它也为我们研究冯梦龙生平、思想提供了宝贵的文献材料。而个人史料与历史叙事互涉，使得这段历史读来真实可信、情感饱满，让《寿宁待志》从众多地方志中脱颖而出。

综合上文所述内容，冯梦龙根据县情将《寿宁待志》定为平目断代体，并将之准确定位为承前启后的作品；冯梦龙秉承实事求是精神，直载其事，无所避讳；采用叙事文笔，重视地方志的可读性；

行文体现修志者关怀现实、同情悲苦之心；个人史料与历史叙事互涉，寄托冯梦龙的政治抱负和人生理想。因而《寿宁待志》被烙上了鲜明的个人印记，是一部文人自觉的地方志，无论是形式还是内容都让其成为超凡脱俗的地方志典范。《寿宁待志》在方志学、史学、民俗学、文学等领域都表现出极高的价值，更是我们研究明末寿宁乃至闽东历史的宝贵文献和研究冯梦龙生平、思想的重要资料。

参考文献：

[1] 王小岩《从〈寿宁待志〉看冯梦龙的史学思想》，《玉溪师范学院学报》2017年第6期。

[2] 游友基《一部独辟蹊径的志书——〈寿宁待志〉漫议》，《宁德师专学报》（哲学社会科学版）1996年第3期。

[3] 董清花《〈寿宁待志〉探析》，《聊城大学学报》（社会科学版）2009年第2期。

[4] 李颖伦、许雅玲《从〈寿宁待志〉看冯梦龙的民本思想》，《宁德师范学院学报》（哲学社会科学版）2016年第2期。

[5] 孙月霞、李伟国《四载寿宁留政绩 先生岂独是文豪——一代文豪冯梦龙的为官"喻世明言"》，《中国纪检监察》2018年第20期。

[6] 王家伦、刘玉《冯梦龙教育观刍议》，《新课程研究》（上旬刊）2018年第3期。

[7] 王凌、刘春民《福建·寿宁冯梦龙文化高峰论坛论文集》，海峡文艺出版社2015年版。

[8] 冯梦龙著、林蔚虹主编、陈元度译《寿宁待志》，海峡文艺出版社2009年版。

[9] 梅君《〈寿宁待志〉——一份珍贵的资料》，《读书》1982年第9期。

[10] 王凌《冯梦龙在寿宁》，《炎黄纵横》2015年第3期。

[11] 韦希成《闽山有幸存伟迹 留取芳名照汗青——冯梦龙宦游寿宁纪事》，《政协天地》2004年第7期。

[12] 陈其弟《寿宁待志——一部标独特书名、采独特体制的方志》，《江苏地方志》1997年第2期。

（作者为福建省寿宁县寿宁第一中学一级教师）

传承创新

学冯梦龙文化之"魂"
筑乡村振兴之"基"

顾 敏

摘 要：千年古镇黄埭，是冯梦龙文化的孕育地和发祥地。黄埭镇十分珍惜冯梦龙这一独特的历史文化资源，多年来不断挖掘、搜集、整理和弘扬冯梦龙文化，积极举办以"冯梦龙"冠名的系列文化活动，将冯梦龙文化融入和服务于地方发展，促进新时代乡镇社会治理的建设，激活、传递文化品牌的力量。

关键词：冯梦龙　文化品牌　黄埭镇　乡村振兴

文化，是城市软实力的重要力量源泉。在苏州历史文化长卷中，冯梦龙的文化品牌价值无可替代。冯梦龙文学成就非凡，在小说方面，他的"三言"（《喻世明言》《警世通言》《醒世恒言》）堪称中国白话短篇小说的"经典"；在为政方面，冯梦龙有着极高的人生和社会理想，他61岁出任福建寿宁知县，凭着高尚的人品官德和卓越才干，在偏远落后的地区干出了一番令人敬佩的业绩，他改革吏治，整顿学风，兴利除害，减轻赋役，明断讼案，革除陋习……至今为当地人民感念、称道。

千年古镇黄埭，是冯梦龙文化的孕育地和发祥地。黄埭镇十分珍惜冯梦龙这一独特的历史文化资源，多年来不断挖掘、搜集、整理和弘扬冯梦龙文化，积极举办以"冯梦龙"冠名的系列文化活动，以此激活、传递文化品牌的力量。

如何更好地将冯梦龙文化品牌融入和服务地方发展？黄埭镇的做法是：以冯梦龙文化为旗舰，着力推进文化与农业、旅游、生态融合发展；以冯梦龙文化为精神，促进广大干部勤政廉政建设；以冯梦龙文化为创新转化资源,探寻它和社会主义核心价值观、社会人文生态建设的联系,培育当下执政者治理县域一级地方的理念,积极探索在党建引领下新时代乡镇社会治理的建设和管理新路径,为经济社会持续健康发展注入独特的文化力量。

勤政廉政建设:不忘初心铸"廉"心

四百多年前,冯梦龙以"务实、为民、清廉"的廉政理念造福一方百姓,流芳百世;四百多年后的今天,习近平总书记曾经在不同场合讲述一代文豪冯梦龙在福建寿宁为官的故事。冯梦龙是习近平总书记号召广大党员干部学习的先贤,总书记曾用冯梦龙《警世通言》中"人心似铁,官法如炉"的名言,来强调党纪国法不能成为"橡皮泥""稻草人"。

作为名人故里,冯梦龙廉政文化精髓也在不断激励着新时代黄埭镇广大党员干部见贤思齐、勤廉为民。黄埭镇以文促廉,以廉润心,以"冯梦龙廉政文化+现代廉政文化"为出发点,打造全国廉政文化教育基地。

集廉洁教育培训、冯梦龙文化传承于一体的冯梦龙村廉政教育基地,内涵丰富,特色鲜明,开放共享,通过以点连线的方式,把冯梦龙故居、冯梦龙纪念馆、冯梦龙书院、四知堂、德本堂、新言堂、冯梦龙廉政文化培训中心等教育资源有机串联起来,构建起党员群众接受党性教育、廉政教育的有力阵地。

黄埭镇还将冯梦龙文化中的"廉元素"融入党员干部队伍建设中,大力弘扬冯梦龙"为民、务实、清廉"廉政文化精髓,扎实推进"四查四看四提升"作风建设集中大整治,大力倡导理论学习、敬业奉献、勇于担当、求真务实、改革创新、清正廉洁"六大新风",转作风,优服务,提效能,促发展,推进全面从严治党向纵深发展。

黄埭镇通过专题党课、走访调研、创新服务等方式推动党员干部作风大转变,服务效能大提升,努力以"好作风"助力"好作为",以"好作为"营造"好风气",形成了"善作善成提质效、凝心聚力促发展"的良好社会氛围。黄埭镇还通过举办纪检监察专题培训班、召开季度学习会、参加大讲堂和组织调训等途径，认真学习党的政治理论、党规党纪、案件办理等政策业务知识；深入开展冯梦龙廉政文化"六进"工程，推动职能部门开展文明家庭、美丽乡村、校园文化节等创建活动，努力培育廉政宣教新亮点，拓展"梦龙清风"廉政品牌新内涵，切实以廉洁清风推动社会风气持续向善向好。

以冯梦龙司法实践建设"平安法治黄埭"

束其法绳，可使无犯。冯梦龙用行动为后人留下了"三言"之后的"治世良言"：要"为官一任，造福一方"；要悲智双运，知行合一，救群生之乱，去天下之祸；要以治理为中心，不断丰富中国传统法治思想的理论体系和实践途径。

在冯梦龙的司法实践中，贯穿了十分可贵而明确的四大法治理念："一念为民"的内在动力，"不求名而求实"的处世作风，坚守廉洁自律的道德规范，实行综合治理的施政纲领。冯梦龙办案"注重调解"，对于一些社会纠纷，根据实际情况，采取司法调解，也不失为化讼、无讼的好方法。

在"平安法治黄埭"建设中，黄埭镇从冯梦龙的司法实践中得到启示，突出普法惠民、法律惠企行动，探索"网格+"模式，提升社会治理能力，推动构建矛盾纠纷多元化解体系，夯实基层治理基础。

抓阵地建设，打造人民调解品牌化。以镇、村等人民调解委员会基层实战平台为基础，成功培育出"黄埭镇人民调解委员会老陈调解室""长康社区人民调解委员会老娘舅调解工作室"等调解品牌工作室。

抓队伍建设，提升调解队伍专业素质。积极引导"三官一律"进网格，参与人民调解工作，提供法律意见，直接调处矛盾纠纷。为村（社区）提供法律意见、法律咨询、法治宣传。实行网格调解队伍定期培训制度，通过培训，提高网格调解员解决纠纷的能力。

抓调处实效，优化"大调解"格局。深化资源共享、矛盾联调的联动工作模式。加强和公安、安监、劳动保障等多部门的联动，持续完善"大调解"格局，提升调解效率，提高群众满意度。至今黄埭镇各级调解委员会、调解室共调处纠纷1583件，涉及金额1467.93万元，调处率99%。至今未发生一起因调处工作不力而导致事态进一步扩大和"民转刑"案件的发生。

廉吏之乡：用"文化＋党建"引领社会治理

冯梦龙"为官一任，造福一方"。作为"廉吏之乡"，黄埭镇坚持以人民为中心，让人民群众有更多获得感、幸福感。

打通服务群众的"最后一公里"，是提升人民群众获得感和幸福感的关键。2017年，黄埭镇提出打造"红色引擎"党建品牌，经过不断丰富党建品牌内涵，积极发挥党建品牌对全镇工作的统领作用，各基层党组织和广大党员在社会治理、建设发展、改革攻坚一线工作中，取得了显著成效。

黄埭镇目前已全面推动村（社区）回归主责主业，一手抓党建、一手抓社会治理，以党建为引领，探索创新社会治理方式，以实实在在的服务，提高居民的获得感、幸福感：胡桥村有着二十多年历史的工业老厂区经过整治改造将迎来"新生"；潘阳社区仅用了3天就完成6500平方米乱搭乱建的拆除工作；旺庄村、青龙社区等对13个村级工业集中片区的"散乱污"厂房进行搬离、拆除。在黄埭镇，还有不少创新村（社区）治理工作的新做法，比如西桥村的"脸部清洁法"点靓了村貌；又如青龙社区在玉莲花苑小区内试行垃圾分类扫码积分兑换，引导居民积极参与垃圾分类，积极投入城乡人居环境的整治和美化工作中。

黄埭镇还依托"红色引擎"特色党建品牌，发动基层党组织争创"志愿服务先锋"，引导党员志愿者成为党组织与群众的重要纽带，创新社会治理，开创"党建＋志愿服务"新模式，大力弘扬志愿服务风尚，推进全镇精神文明建设。

除了惠及民生，黄埭镇还坚持"群众为先，服务至上"的工作理念，不断强化便民利企服务意识，着力提高办件效率，提升服务质量，通过"一窗受理"套餐服务、开辟重点项目审批"绿色通道"、实施产业项目协同推进工作机制等一个个创新利企服务来不断优化营商环境，提振辖区企业发展信心。

2020年，黄埭镇党委还启动实施党建领航"三带"扬帆党建项目，在农村、社区、非公经济三大领域分别打造"乡村振兴""小区治理""民企铸魂"三条示范带，树立党建工作示范标杆。

用冯学文化助推乡村振兴

冯梦龙《警世通言》中曾有"买只牛儿学种田，结间茅屋向林泉"的描述。近年来，在相城区委、区政府的带领下，黄埭镇冯梦龙村农民坚持以发展特色农业为基础，形成"一产三产主导，二产延伸"的发展模式，先后获评江苏省卫生村、生态村、文明村、水美乡村及苏州市先锋村、城乡一体化先进集体、美丽村庄示范点等荣誉。

立足一产，打造林果精品。冯梦龙村林果基地是相城区"生态花卉植物园"五大板块之一，获评苏州市"现代农业示范区""果树高效示范基地"等称号，猕猴桃、葡萄等果品获得"绿色食品证书"，"黄玫瑰""贵妃玫瑰"葡萄、新巷翠玉梨等水果在省市级优质果品评比中多次获得金奖、银奖。黄埭镇还联姻大院大所，由中科院武汉植物园、辽宁省大连市农科院、浙江省农科院等专家教授为农业产业提供技术指导，提升果树种植水平。

拓展二产，探索精深加工。黄埭镇引进苏州市非物质文化遗产——黄埭西瓜子建设加工厂，推动历史文化名人故里与非物质文化的交融发展；依靠林果基地，利用优质地产水果等原料，加工制作蓝莓酱、猕猴桃酒、果干、枫斗等。

延伸三产，推进融合发展。黄埭镇紧盯农业农村发展趋势，区镇出资成立合资公司，规划建设露营基地、茶吧、咖吧、民宿、体验观光型农业、砖窑文化馆、梦龙水上游等项目，配套冯梦龙文化发展建设。举办"冯梦龙文化节"，大力支持村民发展农家乐、茶室、民宿等第三产业，提高村民创新创业的积极性与主动性。

相城区、黄埭镇、冯梦龙村还联合成立冯梦龙村农文旅融合发展领导小组，以"文化＋乡村振兴"全面推进冯梦龙村冯埂上省级特色田园乡村试点村庄、全国农村一二三产业融合发展先导区等项目实施，打造美丽乡村、特色田园乡村、现代农业园等，激发乡村发展活力，加快推进乡村振兴。

用乡贤文化滋养乡风文明

在乡风文明实践工作中，黄埭镇还紧扣"乡贤文化"和"美好生活"这两个关键词做文章，将"梦龙文化"融入新时代乡村文明实践工作，将实现人民对美好生活的向往作为新时代乡风文明实践工作的出发点、聚力点、落脚点，推动全村形成乡风文明、家风良好、民风淳朴的乡风文明新气象。

传承好家风，推动乡风文明建设。黄埭镇增强村民参与乡村治理的"主人翁意识"，有序引导村民投身乡村治理，老党员、老干部、老教师等组成理事小组，积极参与村级事务，在村级自治、法治与德治等工作中贡献余热；收集民意制定村规民约，整理冯梦龙修身齐家名言100句，征集"好家风好家训"，装裱后送进每家每户。

作为相城区新时代文明实践活动的亮点之一，冯梦龙村"德泽渊源，耕读梦龙"乡村阅读季围绕冯梦龙文化开展了"乡村阅读在江南"阅读分享、"冯梦龙与苏州""冯梦龙与明清文化"主题演讲、"冯梦龙文学理想与文化"公益漫谈等活动。冯梦龙书院是相城区首批新时代文明实践点。这一贯穿全年的乡村阅读活动，让乡村阅读成为新时代文明实践活动中最靓丽的风景，这也成为黄埭镇厚植冯梦龙文化与新时代文明实践相融合，推进精神文明创建工作，将文化与文明相融并进的典型做法之一。

在冯梦龙精神和乡贤文化的标杆指引下，黄埭镇冯梦龙村的村民安居乐业、文明和睦，他们自发组建"冯梦龙山歌队"，自编自演百姓身边故事；举行"冯梦龙村大舞台"活动，开设"梦龙书场"，以"中国最美丽的声音——苏州评弹"来涵养乡风文明，推广冯梦龙文化品牌。

如今，在冯梦龙村，以乡贤文化为平台的"冯梦龙"思想研究活动、"冯梦龙"廉政文化教育活动、"新时代冯梦龙"志愿者活动、"文明户，好家风"评选活动、"乡风文明我先行"等新时代乡风文明实践活动正积极深入开展。在德善文化的引领下，古镇黄埭"好人现象"层出不穷，已累计获评"中国好人"3名、"江苏好人"4名、"苏州好人"5名、"相城好人"17名。

（作者为相城区黄埭镇党委书记）

新时期民歌体创作的新高度

——评马汉民吴歌体长诗《常德盛》

郑土有

积极为冯梦龙文化"鼓与呼",并为冯梦龙立传的马汉民先生(其撰著的《冯梦龙传》于《人民日报》〔海外版〕连载),创作的长达一万三千余行的民歌体长篇叙事诗《常德盛》,以常熟市蒋巷村支部书记常德盛为主人公,以他曲折的人生经历、动人的爱情故事,以及带领村民艰苦奋斗,使一个原先的血吸虫病村成为生活富裕的社会主义新农村的事迹为线索,生动形象地刻画了一个工作、生活在第一线的优秀共产党员形象,以一个小村落的变化反映了改革开放以来中国农村所发生的翻天覆地的变化。该作品虽然创作于15年前,但至今仍然熠熠生辉,反映了作者的政治敏锐性和高度的社会责任感。而其采用民歌体创作的形式,也将民歌体长诗的创作推向了一个新高度。

一、《常德盛》是吴歌体长篇叙事诗的杰作

吴语山歌(简称吴歌)属于地域民歌的一种。在江南吴语地区民间,有着悠久的山歌演唱传统。春秋战国时代,就有"吴歈"("歈"又作"愉")之说。屈原《楚辞·招魂》中记载:"吴愉蔡讴,奏大吕些。"汉代王逸注:"吴、蔡,国名也。愉、讴,皆歌也。大吕,六律之名。"也有人解释,俞,是独木舟,欠,是张口扬声,合起来即是船夫唱的歌。可见作为地方民歌,吴歌在当时就很有影响,只可惜没有作品记录下来。宋代郭茂倩辑的《乐府诗集》引《晋书·乐志》中记载:"吴歌杂曲并出江南,东晋以来稍有增广,其始皆徒歌,既而被之管弦,盖自永嘉渡江之后,下及梁陈,咸都

建业，吴声歌曲起于此也。"明确说明了吴声歌曲是江南地区的民歌民谣，最初都是徒歌，后来才配乐演唱，源起于梁陈都城建业（今江苏南京）。除了说明时间外，还指出其地点是以建业为中心的吴地，即今长江下游、太湖流域。这段话中还首次提出了"吴歌"的概念，把吴歌和杂曲分成两个部分，吴歌主要是指未经被以管弦的"徒歌"，是比较纯粹的吴语山歌，杂曲则是有乐器伴奏的。《乐府诗集》卷四十四、四十五、四十六、四十七中收入了部分当时的作品，其中有些是从民间搜集的，有些是后代文人的仿作。到了明代，吴歌的发展达到了高峰，正如陈宏绪在《寒夜录》中引他的友人卓珂月的话说："我明诗让唐，词让宋，曲又让元，庶几吴歌、挂枝儿、罗江怨、打枣竿、银绞丝之类，为我明一绝耳。"明末冯梦龙搜集记录的《挂枝儿》（收入作品435首，包括除正文外评注、附录中引用的作品）、《山歌》（收入作品383首，包括评注引用的异文和桐城时兴歌在内），使我们今天能基本了解当时的盛况。吴语山歌在民间演唱，一直延续到20世纪五六十年代。

吴语山歌引起学界关注，真正进入研究者视野是在"五四"时期。刘半农、沈尹默、周作人、顾颉刚以及北大校长蔡元培等或出生（或祖籍）于吴语地区、从小熟谙吴语山歌的北大教授，积极推动了北京大学近世歌谣征集活动的开展，也因为此项运动才真正形成了学科意义上的中国现代民间文学、民俗学。如《北京大学征集全国近世歌谣简章》由刘半农、沈尹默提议，刘半农起草，蔡元培撰写《校长启事》予以推荐，《歌谣·发刊词》由周作人撰写。周作人、刘半农、顾颉刚等人身体力行，投入到了对吴语山歌的搜集整理和研究之中。如刘半农的《江阴船歌》、顾颉刚的《吴歌甲集》和《吴歌小史》，都做出了开拓性的贡献。

刘半农（1891—1934），江苏江阴人。当时在北大担任歌谣的来稿初审并编辑"汇编"工作，从1918年5月末开始，在《北京大学日刊》上刊登亲手编订、注释的歌谣，到第二年5月，共刊登了147则，被人称为"开山凿宝的文学革命的老将"。1919年8月，刘先生回到江阴老家休假，专门把江阴西门外的一位民间说唱艺人请到家中，酒饭相敬，待若上宾，向他请教，从他口中记下了不少宝贵的歌谣等作品。北上途中,他乘舟从锡澄运河逆行,又记录了船夫们歌唱的几十首民歌,后来选辑成《江阴船歌》一册,发表在北大《歌谣周刊》第 24 期上。他所收集的民歌,全部以当地吴音记录,并在每首歌谣后作了音、义注释或加以考订。周作人称"半农这一卷《江阴船歌》,分量虽少,却是中国民歌的学术的采集上第一次的成绩"。同时,《江阴船歌》也是中国现代最早的吴语山歌集。

顾颉刚(1893—1980),吴县(今江苏苏州)人。早在北京大学求学时,受刘半农等人的影响,开始关注歌谣。他在《吴歌甲集》自序中写道:"当民国六年时,北京大学开始征集歌谣,由刘半农先生主持其事。歌谣是一向为文人学士所不屑道的东西,忽然在学问界中辟出这一个新天地来,大家都有些诧异……" 1918 年,他回苏养病,见到一天天寄来的《北京大学日刊》上,时常有新鲜的歌谣,引发了他对家乡歌谣的兴趣,于是他就从家中小孩子的口中搜集起,又渐渐推至邻家的孩子,以及教导孩子唱歌的老妈子。他又从祖母口中采录了几首乡间的歌谣,他的朋友叶圣陶、潘介泉、蒋仲川、郭绍虞等知道他正在搜集歌谣,也把他们自己知道的写给了他,所以一时积到了一百五十首左右。后来他的妻子又从角直搜集到四五十首,"于是我的箧中的吴歌有了二百首了"。1920 年在郭绍虞的推荐下,顾颉刚搜集的这些吴歌从 10 月至 12 月在《晨报》上连续刊载了三个月,声名鹊起,顾颉刚被人视为研究歌谣的专家。1922 年北大歌谣研究会创办《歌谣周刊》,他抄集了一部分,编为《吴歌甲集》,在《歌谣周刊》第 64—95 期连续刊载了近一年。

北大近世歌谣征集活动的目的之一是建立新文学。"五四"新文学运动提出"反对文言文,提出白话文""反对旧文学,提出新文学",但新文学如何建立?其中观点之一就是向民间文学特别是民歌学习。周作人执笔的《歌谣·发刊词》中就明确提出:"汇集歌谣的目的共有两种,一是学术的,一是文艺的……歌谣是民俗学上的一种重要的资料。我们把它辑录起来,以备专门的研究:这是第一个目的。因此我们希望投稿者不必自己先加甄别,尽量地录寄,因为在学术上是无所谓卑猥或粗鄙的。从这学术的资料之中,再由文艺批评的眼光加以选择,编成一部国民心声的选集。意大利的卫太尔曾说:'根据在这些歌谣之上,根据在人民的真情感之上,一种新的"民族的诗"也许能产生出来。'所以这种工作不仅是在表彰现在隐藏着的光辉,还在引起当来的民族的诗的发展:这是第二个目的。"1936年,胡适在《歌谣·复刊词》中更明确提出:"我们现在做这种整理流传歌谣的事业,为的是要给中国新文学开辟一块新的园地。这园地里,地面上到处是玲珑圆润的小宝石,地底下还蕴藏着无穷尽的宝矿。聪明的园丁徘徊赏玩;勤劳的园丁可以掘下去,越掘得深时,他的发现越多,他的报酬也越大。"因此,汲取民间歌谣的养料创作新诗,是当时一批新文学运动倡导者的目的。在这方面,刘半农起到了领头的作用。

1926年,刘半农用江阴方言写作的民歌体新诗集《瓦釜集》出版,引起了轰动,他被誉为"在中国文学上用方言俚调作诗歌的第一人,同时也是第一个成功者"。该诗集包括《开场的歌》《短歌》《劳工的歌》《情歌》《农歌》《女工的歌》《悲歌》《渔歌》《船歌》《牧歌》等作品,很显然,从内容到形式都吸收了吴语山歌的营养。诗集全用江阴最流行的"四句头山歌"和方言来写作,句式长短参差,是一种"乱山歌",生动活泼,在中国诗歌史上开辟了一个新的境界。周作人用绍兴话为该书写了一首趣味横生的序歌,给予其高度的评价:"半农哥呀半农哥,/倷真唱得好山歌,/一唱唱得十来首,/倷格本事直头大。""今朝轮到我做一篇小序,/岂不是坑死俺也么哥?/倘若一定要我话一句,/我只好连连点头说'好个,好个!'"

刘半农开创的先例,在中国诗坛一直有部分诗人进行着探索。诗人李季在1946年发表的长篇叙事诗《王贵与李香香》,采用陕北民歌"信天游"的形式,塑造了一对敢于反抗、争取自由幸福的青年形象,震动了当时的文坛,得到各方面的好评。1958年的新民歌运动,尽管评价不一,但其中确实有许多优秀的作品。在吴语地区,一直活跃着一批农民诗人、工人诗人,他们也大多采用民歌体形式进行创作。但在吴语地区,以民歌体创作的作品大多是抒情短诗,直到《常德盛》的问世,才出现了民歌体长篇叙事诗,将吴语地区民歌体诗歌创作推向了一个新阶段、新高峰。

二、《常德盛》继承了吴语叙事山歌的传统

20 世纪 80 年代以来,吴语地区发掘了近四十首中长篇的叙事山歌,如《白杨村山歌》《五姑娘》《孟姜女》《赵圣关》《鲍六姐》《林氏女望郎》《严家私情》《红娘子》《魏二郎》《朱三与刘二姐》等。这些作品大多根据当地发生的真实事件,由众多民间歌手们编创而成,是对现实生活的艺术表达。马汉民的《常德盛》延续了这种传统,将常德盛感人的事迹以叙事歌的形式呈现出来。

在《常德盛》中,我们可以发现大量对吴语山歌的借鉴,看到《五姑娘》《孟姜女》以及大量四句头山歌的影响。如全诗第一句"一把芝麻撒上天",就把我们引入吴歌的语境中,这是吴歌中最常用的起兴句。又如第 46 页"隔年洋葱皮焦肉烂心不死"、第 83 页"象牙筷上板雀丝"、第 69 页"栀子花开靠墙栽"都可以在山歌中找到原型;第 32 页"月儿初上时,两人约定在村里",让我们想到冯梦龙《山歌·月上》:"约郎约到月上时,邪了月上子山头弗见渠,咦弗知奴处山低月上得早,咦弗知郎处山高月上得迟。"第 34 页"筷头儿一拨,露出两只剥白鸡蛋"(俞秀英送饭给常德盛),如同《五姑娘》中五姑娘给徐阿天送饭到田头的情节……吴语山歌委婉清丽、含蓄缠绵的特色,谐音双关的手法,男女对爱情的大胆追求等,都在《常德盛》中得到了完整的呈现。

马汉民先生是民间文学的"老兵",长期致力于民间文学的采集、研究与创作实践。用民歌体创作长篇叙事诗需要深厚的文学、民间文学修养,而马汉民先生正具备了这方面的素养。

一是他挚爱民间文学。从 20 世纪 50 年代开始到今天,马汉民先生已经在民间文学领域奋斗了 60 多年。50 年代初期他就对山歌情有独钟,在互助合作初期阶段,他在蹲点的胜浦乡新华农业初级社,专门办了山歌、故事训练班,还特意在县文化馆编出一份山歌小报。1955 年受到江苏省文化局表彰。笔者在 2003 年 12 月 6 日到马老家中采访时,他曾告知:"'四人帮'的时候,好多搞歌谣的人都被批、都被斗,像我们的李东林(记音)绳子绑的手腕都血淋淋的,被打得要死。我也有历史渊源,就是 1957 年做右派的时候,我有一

首民歌,是一首民谣:'扫盲扫盲,越扫越盲,上忙下不忙,开会开得忙。'我大概是1954年搜集的,搜集后就给了扫盲办公室主任,办公室主任就留住了,后来要斗我的时候没有什么东西,他就把这个东西抛出来,说是攻击党的扫盲政策。这么个东西,过去不准搞,搞了就犯罪,搞了就被打得要死。"即使经历过这样的磨难,他也始终没有离开过民间文学岗位。"文革"结束后,他便立即投入民间文学作品的搜集整理活动,其中长篇叙事歌《五姑娘》的发现和搜集影响巨大。当时中国民间文艺出版社邀请苏州民间文艺工作者选编一本吴歌,在征集作品的过程中,芦墟的张舫澜寄来了一首歌,是《五姑娘》中的片段。当时有人认为这个不属于山歌,马汉民先生结合冯梦龙《山歌》中的作品,坚持认为这是故事歌,"通过韵文来讲一个故事",引起了争论:"说老实话,我心里有点不大服气,就专门到芦墟去。那时正好胡芝凤(记音)带回来一只小喇叭(注:录音机),单放机,我就带这只机器到芦墟去。那个时候交通很不方便,上午一班车,下午一班车,路上要一个多小时。那天上午八点钟的车没赶上,下午一点半的车子到芦墟,找到张舫澜已经下午两三点,再在张舫澜那里耽搁一下,已经到下午四点了,再找到陆阿妹家。陆阿妹住在一个小院子里,只有一间房,正在家里哭,化纸钱,还有一个灵台,陆阿伯有个遗像挂在那里,正好是在做断七,在家里哭得要命。我看今天来得不是时候。张舫澜介绍了一下,陆阿妹问什么事啊,张舫澜说想来听听唱歌的。陆阿妹听说我是专门来听她唱山歌的,脸上抹抹,说我唱我唱,搬了一把竹椅坐在外面院子里,把小辫子拿到前面摸了摸,就进入角色了。一唱就不得了,一唱就是两三百行,踏破铁鞋无觅处,我就是要这样的歌手,我兴奋得不得了。第二天早上回苏州,连家也没回,先到宣传部。宣传部的部长同我很好的,我跟他一提,他说这个不能放手,要弄。接着我马上向文联主席汇报,文联主席说你下去,钞票由我们来出。文联就出车费、住宿等经费。之后我就下去弄了,弄了以后,我就先弄了几章,把稿子弄出来,就是第一本,给陆文夫看,陆文夫看了说是好东西,由陆文夫请文联的一个打字员谭宗义(记音)给我们打出来的。《文汇报》第一家发表报告消息,后来我们向马春阳

（当时为江苏省民协主席——笔者注）报告。马春阳那时候也不错，给了一百块，一百块还是三百块我记不清了。给了我们钱，我们才好采风，弄这个东西。"（2003年12月6日的访谈记录稿）《五姑娘》的发现和公开，开启了吴语地区长篇叙事山歌搜集的高潮。从《五姑娘》的发现、发掘过程中，我们可以发现马汉民先生对民间文学的挚爱、执着和见识。

二是他熟谙民间文学，在民间文学作品的搜集整理、研究、创作方面均有建树，"三驾马车"齐头并进，相互支撑。马汉民先生除了搜集整理《五姑娘》（合作）、《孟姜女》等长篇叙事山歌、大量短山歌和民间故事外，还创作了中篇小说《死囚》《秘密航道》《李玉脱险记》，长篇传记《冯梦龙》，长篇弹词《芦荡火种》，报告文学《走出深巷》，40集连续剧剧本《风雨雕花楼》等；同时，他也长期从事民间文学的研究工作，撰写了20多篇学术论文，分别在吴歌学术研讨会、冯梦龙学术研讨会、中国子弟书研讨会等学术研讨会上发表，如《论长诗的搜集与整理》《孟姜女研究提纲》《冯梦龙的口碑资料研究》等。正是有了这些深厚的素养和积淀，马老才能在《常德盛》的创作中得心应手，创作出一部高质量的民歌体叙事长诗。

三是他有强烈的社会责任感、使命感和担当。作为一位1949年前参加工作的老文化工作者，马汉民先生始终把人民放在心中，始终以繁荣文化为己任。创作于15年前的《常德盛》，正是基于他的责任感、使命感。他对冯梦龙资料的挖掘和大声疾呼也是出于使命感。冯梦龙是中国历史上被严重低估的文人，他不仅是中国通俗文艺第一人，"三言"和《山歌》《挂枝儿》等具有世界性影响，而且是一位杰出的思想家和政治家，在福建寿宁担任一任知县，功名垂世。由于历史的原因，冯梦龙的生平事迹被大量湮没。史载冯梦龙是长洲（今江苏苏州）人，作为苏州的一位民间文学工作者，马汉民先生数十年孜孜不倦地挖掘冯梦龙的资料，1992年利用搜集到的100多篇传说创作了传记体小说《冯梦龙》，在《人民日报》（海外版）上连载了三个月。尔后又发现在新巷村有个叫"冯埂上"的地方，当地相传是冯梦龙的出生地，他迅速组织人员进行考察、搜集，在相城区的支持下，在当地设立了冯梦龙纪念馆，举行冯梦龙文化节，召开冯梦龙文化学术研讨会，如今已经初具影响。2019年盛夏，他获知在日本保存有一些国内已失传的冯梦龙著作，不顾八十岁高龄毅然奔赴日本，在日本友人的帮助下，获取了不少珍贵的资料。

这就是马汉民先生，一位"志在千里"的老骥！

（作者为复旦大学中文系教授、博士生导师，中国民俗学会副会长）

口碑拾零

冯梦龙、叶有挺师生的忠义气节

渊 心

冯梦龙是明末文学家、戏剧家、思想家和教育家,同时也是一位忠义爱国志士,尤其在他晚年,其反清复明的政治立场十分鲜明。冯梦龙在寿宁任知县期间,立教兴学,成效显著,叶有挺就是他的得意门生。后来,叶有挺成为寿宁建县后的第一位进士,在清初的"三藩之乱"中,他拒绝叛军的威逼利诱,绝食明志。师生二人在忠义爱国情怀、清正为民品格上一脉相承。

一、冯梦龙的忠义爱国情怀

1. 塑造忠君爱国的人物形象

冯梦龙编写的一些小说,如他创作的《双雄记》和改定的作品《精忠旗》,都以肯定和褒扬的态度树立一些忠勇之士的形象,来表达自己强烈的忠义爱国情怀。作者在《双雄记》中塑造了丹信、刘双等征战沙场、英勇杀敌的英雄形象,突出忠义主题。《精忠旗》则叙写我们熟悉的岳飞抗金及被陷致死的故事,不但重点书写岳飞的"忠君",更是生动地叙述了岳飞在国难当头、矛盾错综复杂的社会背景下,以江山社稷为重,坚决抗金,受尽冤屈,直至冤死狱中的情形。很显然,在人物形象的塑造中,冯梦龙已将"忠君"纳入爱国主义范畴,忠君与爱国是统一的;今天看来,虽然冯梦龙的此种观念有一定的时代局限性,但不可否认,其忠义爱国情怀反映了古代有气节的知识分子共同的人格旨趣和价值选择。

2. 赞扬不屈至死的明朝官员和忠义之士

在《绅志略》中,冯梦龙说:"愚谓死者,人臣自了之事,非所以尽职而报国也……将相大臣,事权在握,安危倚之,如屋有楹,如柱有础。平日所营何事,乃临时一无所恃,而仅以捐躯塞责?然则拼此七尽躯,人人可充将相之选乎?"① 在这里,冯梦龙认为自杀殉国并不是上上之举,他认为作为大明王朝的臣子,最应该做的是尽职尽责,为国分忧,这才是报效国家最好的途径。但是,他同时也认为,在某些情况下,以死报国也是一种值得尊敬的行为,比起那些贪生怕死的臣子自然要强许多,他希望以这种表彰方式让那些"逆臣"们羞愧汗颜。

冯梦龙在作品中,对坚守德胜门而不屈至死的兵部右侍郎王家彦、坚守正阳门慷慨而死的刑部侍郎孟正祥极为赞赏。他对绝食自杀的书生许琰更是高度赞扬:"吴门许文学琰,字玉重。生平敦孝友,割股救亲者再。甲申端午,闻神京之变,谓闯党流言,逢述者辄斥之。已知不诬,欲向贵人求起义不得,号恸求死,自投胥江,值潞藩舟援出。王怜其志,赠以金,不受。至旧徒家一宿,题诗吕仙庙之壁,投缳门侧,复遇救,送归。家人进餐,先生怒甚,嚼瓯咽之,喉肿,绝粒五日,又作一绝而逝。吴中义焉,私谥曰'潜忠先生'。余刻其诗而和之。"② 这种绝食明志的行为给冯梦龙带来了极大的震撼。冯梦龙为了悼念许琰,倡导忠君、爱国的精神,先后写下了四首应和许琰《绝命诗》的诗作,还写下四首挽诗——《奉挽玉重先生四绝》,如:"谁如草莽不忘君,衔恨重泉为敌氛。莫道诸生无国士,衣冠羞杀马牛群。""可怜绝命两哀吟,辜负生平报国心。梦想九天龙驭去,攀髯孤泪有青衿。"冯梦龙大张旗鼓地宣传许琰的事迹,旗帜鲜明地表达对许琰的崇敬,是希望为世人树立一个榜样,激励人们守护大明王朝,为大明王朝尽力尽忠。

当然,冯梦龙抨击那些平时过着养尊处优生活,到江山社稷受到威胁之时仍苟且偷生的人,用反面的例子来警示世人。在作品中,他以世爵成国公朱纯成为例,身为皇族的朱纯成"献门劝进",冯梦龙批评他是"世臣中之最逆者",指出他的变节行为最终换来的是被李闯王势力诛杀的结果。冯梦龙通过正反两个方面的事例,表达了

---

① [明]冯梦龙《甲申纪事》,《冯梦龙全集》第15册,凤凰出版社2007年版,第15页。

② 高洪钧《冯梦龙集笺注》,天津古籍出版社2006年版,第227页。

自己强烈的忠义爱国思想。

3. 对南明政权寄予复兴厚望

崇祯十七年（1644）三月，闯王李自成带领起义军攻入北京城，崇祯皇帝自杀，大明王朝就此结束了统治历史。这场"甲申之变"对于已经71岁高龄且无限忠诚于明朝的冯梦龙来说，无疑是天崩地裂的大事，冯梦龙"悲愤莫喻"。同年五月，朱由崧在南京建起了南明王朝，这让古稀之年的冯梦龙有了新的热情和期盼，他能做的就是拿起手中的笔为抗清复明事业竭尽所能。

1644年，冯梦龙编辑、刊印了《甲申纪事》。在本书《叙》中，他说："方今时势，如御漏舟行江湖中，风波正急，舵师、楫手兢兢业业，协心共济，犹冀免溺；稍泄玩，必无幸矣！况可袖手而闲诟谇乎？庙堂隐忧，莫大于此！"在这里，我们看到了冯梦龙坚定的政治倾向性，感受到了冯梦龙的爱国热忱。在书中，他满腔热情地呼唤大家在国难之时，要兢兢业业、同舟共济，以挽救大明王朝这艘"漏舟"不被狂风所覆灭。在书中，冯梦龙收录了自己所作的文章和江南文人对战事的一些记录，如《甲申纪闻》《绅志略》《钱法议》《中兴实录序》《北事补遗》《扬州变略》《京口变略》等，选编了南明官吏史可法、张亮等人的奏疏，热情洋溢地赞扬那些忠义爱国者的气节，愤怒斥责叛逆行为，衷心希望朱由崧能成为中兴之主。

4. 提出安稳朝政、应敌良策的《钱法议》《中兴伟略》

弘光即位之后，冯梦龙不顾年老多病，日夜赶写、编印《甲申纪事》，书中收录了冯梦龙上奏南明朝廷的奏疏《钱法议》："今天子中兴，启泰弘光之钱，将与日月俱新。主计者能自爱以爱国，必当力矫夙弊，为嘉靖，为万历，而不为崇祯。"① 这里，我们再一次看到了冯梦龙心存大明、梦想复兴的拳拳之心。冯梦龙认为，在国难当头之际，新王朝理应有新政，而铸造新钱关乎国计民生，是有利于朝政安稳、百姓安宁的大事。遗憾的是，冯梦龙奏疏中有关效法古制、兴利除弊的建议与主张都无缘也无法落到实处，南明王朝

---

① ［明］冯梦龙《甲申纪事》，《冯梦龙全集》第15册，凤凰出版社2007年版，第243页。

还没有来得及考虑安稳朝政之事就被推翻了,《钱法议》被束之高阁。

据史料记载,弘光元年(1645),72岁的冯梦龙最后一次出游,经过吴江、湖州、杭州、绍兴,最后到达台州。据《祁忠敏公日记》的记载,前一年的八月,被封在山东兖州的明太祖朱元璋十世孙鲁王朱以海,在李自成攻破北京城后逃到了浙江,就住在台州。这是当时一支势力较大、"正统"的抗清力量。人们猜测,忠于大明王朝的冯梦龙,以古稀之年奔赴台州,就是为了拥护鲁王,想加入这支抗清力量。就在这次南下途中,冯梦龙又编写了鼓励抗清复明的《中兴伟略》一书。这是他一生中的最后一部编著。

在书中,他以抗清复明为清晰目标:"《中兴伟略》者,为南北变故而辑也。我太祖高皇帝逐胡清华,三百年来文治日久,武备废弛,官军眼眼相觑,贪生怕死,是以致虏寇两犯神京,震惊皇陵,莫大之惨,莫大之冤,恨不咀其肉而灰其魄也。""闽中南安郑伯芝龙,同诸故老元勋朱公继祚、黄公道周等恭迓唐王监国,固守闽广一隅,诏谕彰明,招贤纳士,待天下之清,协扶幼主中兴大务,恢复大明不朽之基业,在兹举矣。"① 很显然,冯梦龙把自己美好的愿望和志向寄托在南明王朝上,提出了一些应战、对敌的良策。首先,冯梦龙认为要重视军队中将才、能才的重要作用。在《中兴伟略·制虏奇策》中,他归纳了后金屡次打败大明军队的原因,在于大明"无善将将者,则将必不知兵;无善将兵者,则兵必不能战","自愚观之,奴虏虽强,吾有人则可敌也。吾有知兵之人,则可与战也。……胜负之数不在兵,在将兵之人,在将将能知兵之人。岂待言哉!"② 其次,冯梦龙肯定先进武器在战斗中鼓舞士气与军心的重要作用,还提出了要制作一种打仗用的工具——"奔运之车"的设想:"吾故欲与虏战,则必先压其冲突之势,使不吾畏。欲压其冲突

---

① [明]冯梦龙《中兴伟略·引》,《冯梦龙全集》第15册,凤凰出版社2007年版。
② [明]冯梦龙《中兴伟略》,《冯梦龙全集》第15册,凤凰出版社2007年版,第13页。

之势，则莫若制奔云之车。"① 冯梦龙在书中再三表达了抗清复明的信心："迨天下稍平，物力稍宽，方将出塞数千里，撼长白之山，翻混同之江，犁房庭，殄灭无遗育，为天下万姓复仇焉，此诚今日制房之良法也。"② 这次南下有否见到鲁王不得而知。但是，冯梦龙为了大明王朝的复兴事业是竭尽全力的。1646年，在焦虑与辛劳中，一代文豪冯梦龙带着无限的遗憾离开了人世。

二、冯梦龙得意门生叶有挺的忠义爱国事迹

寿宁地处僻远，自然条件差，经济落后，长期保留着"安土重迁、不思进取"的封闭心态。在明代，寿宁考上举人的只有姜英、姜礼父子，更不用说进士了。自从万历壬寅年（1602）以后，寿宁四十年间竟未曾出过一个孝廉。寿宁虽设有学校，但读书人很少；除了经书，其他典籍难以见到。"父兄教子弟以成篇为能，以游泮为足，以食饩为至"③，大人教导小孩，作文能写成篇就算有才能了，读书能考上秀才、成为廪生享受官府补贴就已经是荣耀家族了。读书人这样，官府书吏的文化水平也高不到哪儿去。每到朝廷考核地方官政绩或者大造黄册时，一定要请外县人来帮忙；起草普通公文如果不经知县大人动笔修改，根本就语句不通，病句连篇。

寿宁的这种教育状况，让出生于苏州、饱读诗书的冯梦龙感叹不已。冯梦龙到寿宁任职后，决心振兴当地文风，教化民众，着手筹措兴文立教大计。他捐资修缮县学，将自己所著《四书指月》发给诸生，并"亲为讲解"。他讲课深入浅出，循循善诱，动之以情，晓之以理。身为一县之长的父母官，身体力行，这在当时是不多见的。因而，学官里出现了"士欣欣渐有进取之志"的好风气。冯梦龙对此颇为满意，他欣慰地认为，如能这样坚持下去，"将来或未量也"。

---

① ［明］冯梦龙《中兴伟略》，《冯梦龙全集》第15册，凤凰出版社2007年版，第14页。
② ［明］冯梦龙《中兴伟略》，《冯梦龙全集》第15册，凤凰出版社2007年版，第14页。
③ ［明］冯梦龙《寿宁待志》，《冯梦龙全集》第15册，凤凰出版社2007年版，第28页。

叶有挺就是冯梦龙的得意学生。叶有挺（1618—1675），字贞孚，号果庵，犀溪人。六岁之时，父亲不幸病故，有挺与刚满周岁的弟弟有拔由祖母与母亲抚育长大。在县学里，冯梦龙见叶有挺勤奋好学，孝敬长辈，与弟友好相处，便对他关爱有加，悉心指导。在冯梦龙的关心教导下，叶有挺学业突飞猛进，13岁就得庠生资格，崇祯十一年（1638）补增广生，在顺治十四年（1657）丁酉科中举，康熙九年（1670）庚戌科又中三甲第一百八十五名进士，成为寿宁建县后首位进士，这是冯梦龙兴文立教的一个卓著成果。

1. 秉承冯梦龙品格

叶有挺素抱大志，纵达不羁，常自叹道："大丈夫当友尽天下，志存千古，生则建功烈于当时，死亦留声称于后世，安能屈首蓬荜，长守青衿以终老耶？"叶有挺中举之后，回籍奉养母亲三年，以尽孝道。他待人谦恭温和，和蔼可亲，对待后生循循善诱，悉心指点，县内儒生争相求教，他总是细心教导。是时寿宁知县姓李，沿旧习把钱粮赋税交由下属乡里征收保管，因百姓确实贫困，该收钱粮多有欠缺，造成兵饷难以兑现，拖欠数目累积。于是李知县派兵逼迫百姓限期交纳钱粮，兵差在催逼钱粮时又倍行索勒，拘押欠户。因此百姓不堪忍受，多有举家逃亡。叶有挺认为"冘寄钱粮流弊甚多，贻害里民最惨"，就申文减免赋税。减免后该收的钱粮力主县主"由各图各催起运，官收官解"，革除积弊。这样，"民颂其德，逃者俱归"，迁移外地的里民又大都返乡安居，叶有挺由此贤名远扬，所作所为颇有其师冯梦龙的风范。族里修编族谱时请叶有挺代序，他欣然提笔，今有《童洋刘氏宗谱》代序（原迹）、《鳌阳文山叶氏宗谱》代序等留存。

2. 绝食明志，反对分裂

中进士后，孝顺的叶有挺申请回寿宁侍奉老母三年。康熙十三年（1674）甲寅春，叶有挺被授为江西省观政，刚要前往上任，却恰逢平西王吴三桂、平南王尚可喜、靖南王耿精忠联合反叛的"三藩之乱"，叶有挺只能暂缓上任行程。早有准备的三藩军节节推进，耿精忠迅速进占福建。耿精忠为稳固在福建的政权，开始搜罗人才。听说叶有挺有经文纬武之略，耿精忠认为必须揽为己用，遂发檄文，许以高官之职。叶有挺得悉耿精忠立地为王,分裂疆土,坚决不从,躲进了北浦溪头后坑的茅舍。耿精忠派人四处搜查,叶有挺听到风声,赶紧连夜从小路出逃,跑到浙江的松阳。这时,三藩势力已蔓延半个中国,叶有挺因人地生疏,被叛军抓获。在狱中,叛军威迫利诱,但叶有挺矢志不改,绝食抗争。叶有挺粒米未进、滴水未饮达七天,叛军怕叶有挺死于狱中,只得将其释放,并下令叶有挺不得出走他乡,想清楚后为朝廷服务。为了永绝后患,叶有挺又毁容改名,继续隐藏在松阳的卯山寺院,但还是难逃叛军的耳目,叛军包围了卯山寺院,抓住了叶有挺,逼授他为伪处州刺史。叶有挺知道大势难违,又怕连累寺僧,于康熙十四年(1675)二月二十日离开寺院,自缢于山下大树杈上,终年58岁。学友温陵李闻耗唁泣挽悼:"圣世频行旌恤事,也应荣宠发幽光。"贡生谢起潜挽道:"莫道史书编不到,纲常万古赖谁全。"

3. 忠孝两全,光耀千秋

如《清朝通史》所言:耿精忠在闽实行虐政,不服中央削藩,只为扩大地方个人势力而进行反清战争,战争的正义性受质疑。叶有挺不是朝廷命官却不屈殉节,显然是把社稷苍生的安危置于个人生命之上。康熙十五年,清军平定"三藩之乱",耿精忠被清廷处死。康熙二十一年孟秋,建宁府知府张琦旌匾称赞叶有挺"忠孝克全"。康熙二十五年刊本《寿宁县志》为叶有挺首次立传,之后《清史稿》《福宁府志》均为之立传。康熙三十年,翰林院侍读学士孟亮揆受其忠义烈举感动,题联赞扬其人"磊落多奇才,杏苑看花新进士;从容就大义,薇山尽节旧名臣",书赠北浦叶氏匾联"凤阁三千字,鳌阳第一家"。清廷追崇他为乡贤,名标褒忠祠,事迹列入《清史稿·忠义传》。康熙四十四年春,文宗沈涵赞词:"故进士有挺叶公墨受未膺,丹心自矢,汉家龚胜辞新,奔之征书,蜀郡王嘉拒公孙之伪命,涓埃未答,痛哉!报国之躯,绝粒以终,惨矣!辞亲之日,尽忠岂妨尽孝或义,既以成人,允合蒸尝益宏褒欢。"省学政旌匾"海矫孤忠"、福宁府旌匾"忠孝克全"等。寿宁县建乡贤庙于孔圣庙右侧,列祀叶有挺。叶有挺读书处被称为"龙潭书斋",载入《福宁府志》。清廷还把"龙潭书斋"作为生员考试命题,作为仕者楷模。

民众更是视叶有挺为英雄，直到现在，还有人去他曾经避乱、读书过的地方——龙潭书斋参观凭吊。嘉庆十二年（1807）十二月初八，钦赐叶有挺五世孙叶伊霖，诰文道："叶有挺原系进士，清康熙十三年，耿逆逼授伪职，不屈死……特旨给恩骑尉与尔承袭，世袭罔替。"后人将其载德义举编入叶氏宗谱，祀典有光，儆示子孙承前继后，俗成犀溪叶氏"圆灯节"习俗。当年冯梦龙曾对明末绝食自杀的书生许琰高度赞扬，写挽诗悼念许琰。他若能知道，几十年后，他所倡导的忠君、爱国的精神，在其学生身上得以发扬光大，则当含笑九泉！

纵观冯梦龙、叶有挺师生，忠义爱国是其高贵的品质，这是传统儒家思想的核心，也是中华民族的优良传统美德。"为天地立心，为生民立命，为往圣继绝学，为万世开太平"，作为知识分子，他们以天下为己任，以爱国爱民、竭诚担当书写着绵长醇厚、历久弥新的家国情怀。

（作者为福建省寿宁县教师进修学校高级教师）

桃花园里访先贤

程秋生

阳春四月，姑苏城正值春意融融、群芳吐艳的迷人季节。我不知是受了自称"种花人"周瘦鹃先生的艺术熏陶和影响，还是熟读了《古树名木》《群芳新谱》的缘故，对春天的花花草草分外敏感，格外迷恋。于是，在一个阳光明媚的假日，由我小辈开车，朝着城外相城方向急速驶去。

外出赏花，我向来没有明确的方向，也不讲究既定的目标，只要鲜花绽放，夺人眼球，我都会情不自禁地驻足停步，举目远眺，尽情欣赏。其实，在我们这座具有2530多年建城史的历史文化名城，只要你走出家门，迈开双脚，或街头路边，或幽深小巷，或大小公园，那真是无处不见花，满目皆芳菲。正因为此，在退休后的20多年时间里，除了坚持读书写作、外出旅游之外，我最钟情、最喜爱的，莫过于赏花观景了。当然，观花赏景之后，又习惯于写些短文，或散文或随笔或游记，天长日久，几十年下来竟也写下了洋洋几十万字的游记、随笔。"老爸，车往哪儿开？您去哪儿赏花呀？"一向孝敬年迈父母的女儿突然问我。"去、去……"因在通往黄埭的高架路两侧，只要眺望窗外，无处不点缀着鲜花碧草，这下，我不知所措，甚至有些语塞了。"哎，咱们去冯梦龙村吧，那里有桃花、梨花，听说那里的景致可美哩！"女儿边驾车边说。"好哇，好哇，你老妈日盼夜望，最爱看红艳艳的桃花哩！"我连忙赞同。这时，车速加快了，没用多长时间，汽车下了高架，便向冯梦龙村急速驶去。

不一会儿，我真的见到映红天际的桃花林了。于是下车后，我和老伴便急匆匆地朝红彤彤的桃花园走去，而女儿正在寻找地方停车。这时，只见来自四面八方的游人都在赏花拍照，当然，其中青年人居多。我选定了一株造型奇特、红花盛开的桃树,掏出手机先为老伴拍了几张照,接着又想和老伴合个影,以便迅速发往朋友圈,让地处天南海北的战友、文友、亲友们也能分享到姑苏城外黄埭特有的美妙春色,感悟白居易"日出江花红胜火,春来江水绿如蓝,能不忆江南?"的诗情画意。正当我为难之时,恰好迎面走来一位村姑,她身穿浅绿色的富有江南特色的中式服装,朴素淡雅,又不失灵巧俊秀。于是我连忙招招手,请她为我们老两口拍张合影,她爽快地点头答应。村姑接过我的手机后,以红满天的桃花为背景,竖拍横拍,近拍远拍,拍特写拍全景,足足拍了十几张,拍完了还笑嘻嘻地征求我的意见:"爷爷,您看这几张照片拍得好不好?""好,好,姑娘你拍得真好!"接着,我问她是不是本村人,姓什么,附近最有名的景点有哪些。总之,出于文学爱好者的本能,我问了她一连串的问题。而她呢,不厌其烦地一一做了回答。村姑告诉我,她叫邢晓琴,大学毕业后回到冯梦龙村创业,现在正在为村里挖掘名人史料、发展旅游经济出谋划策呢。她笑着对我说:"这个村为了纪念历史名人冯梦龙,2015 年把村名改为冯梦龙村了,以冯梦龙精神发展经济,服务村民,建设江南新农村。"接着,她又说:"今天你们来得正巧,上午我有空闲时间,如果不嫌弃的话,那就让我来带你们走走看看吧!"我一听真是喜出望外,这是求之不得的天大好事啊!于是,我连忙点头说:"好呀,好呀,那真是太好了!"

接着,我们就跟着邢晓琴欣赏了 60 多亩黄桃园,又涉足咫尺之距的 80 亩梨园,观赏了洁白如雪的梨花。小邢边走边说:"在西塘河路,种植了 40 多亩蓝梅,果园路交叉路口,植有 16 亩杨梅,此外,还种植了 56 亩 4 个不同品种、不同成熟期的猕猴桃,从而形成了名副其实的花果之村。"当我如痴如醉地拍完了梨花照片,准备走出梨园时,小邢笑着对我们说:"冯梦龙村是江南典型的花果之村,六月蓝梅,七月杨梅,八月猕猴桃,九月黄桃,十一月梨。水果飘香,可迷人了。爷爷奶奶,你们一定要来参加我们村的采摘活动呀!"对于她的盛情邀请,我自然笑着连连点头说:"好,好,一定!一定!"

既然来到了冯梦龙村,作为半个文人的我,当然更希冀了解一些冯梦龙的身世，听一些有关冯梦龙的感人故事。于是我就把自己的想法告诉了热情好客、善解人意的小邢。我刚把这个想法说出口，小邢就满脸堆笑地一口答应，连连说："好呀，好呀，我一定带你们去看看！"就这样，我们悠悠漫步，朝村头古老的建筑群而去。不一会儿，一幢幢古色古香的老房子便映入了我的眼帘。我问了小邢才知道，冯梦龙故居、冯梦龙纪念馆、冯梦龙书院和冯梦龙廉政文化培训中心都集中于此，彼此之间相隔不远。此时，我抬手看了看手表，已接近中午时分了，于是我对小邢说："那就看个纪念馆吧！"

其实，冯梦龙纪念馆距果园并不很远，走不了多少路，举目望去，便可见到古朴典雅、富有江南建筑风格的纪念馆了。我从纪念馆里的简介了解到，冯梦龙纪念馆建筑面积为394平方米，共分为五个展厅，围绕冯梦龙为官、为民、为文事迹，全方位、多角度地介绍了他立德、立言、立功的人生追求。为了更深入、更全面地了解这位历史人物，我怀着崇敬的心情向纪念馆快步走去。不一会儿就看到纪念馆了，我驻足停步，只见一幢粉墙黛瓦的江南建筑矗立在那里，再走近一看，一块书有"冯梦龙纪念馆"的横匾映入了眼帘。我们在小邢的引导下，拾级而上，向纪念馆内缓缓走去。这时，小邢告诉我："整个纪念馆分为序厅和四个展厅，而每个展厅皆以史料、图片、名言、警句展示冯梦龙这位明代大文豪的渊博知识、高贵品质和清廉美德。"是的，在我的印象里，冯梦龙无疑是我国的通俗文学大师，我的书桌上就放有冯梦龙的鸿篇巨著《喻世明言》《警世通言》《醒世恒言》和《智囊》等。我们跟着小邢一个厅一个厅地认真观看，慢慢品味，细细琢磨。令我印象最深的是冯梦龙的廉政勤政、造福于民。尽管他出任福建寿宁知县，官位不大，时间也不是很长，但他亲民爱民、造福一方的言行和精神是难能可贵、值得颂扬的。正因为此，冯梦龙留下了许多掷地有声的警言名句，如"国正天心顺，官清民自安""非理之财莫取，非理之事莫为"等，至今仍使人铭记在心，难以忘怀。一身正气，两袖清风的美德不正是我们每个人民公仆所必须具备的吗？当下，我们所坚持和强化的"不忘初心，牢记使命"主题教育，奋力实现两个一百年的中国梦，不正是为了让亿万民众过上美满幸福的生活吗？正因如此，冯梦龙的警言名句值得我们深思，冯梦龙的行为准则富有时代意义。我也深知，冯梦龙廉政文化培训中心值得我们前往观看，常看常思，一心为民，坦荡做人。事实一再表明，冯梦龙廉政文化培训中心应成为培养青少年茁壮成长的教育基地和红色摇篮。而对于冯梦龙与吴地民歌、苏州文化和戏曲的关系，纪念馆也都作了详细介绍，从而凸显了冯梦龙与苏州的渊源。整个展览朴实无华，令人回味无穷。当然，有些互动体验活动是为了让人放松心情，在笑声中体味传说的滑稽与可笑。依托冯梦龙的《唐解元一笑姻缘》打造的互动体验项目，让参观者穿上唐伯虎衣服，与美貌如花的秋香合影，非常有趣。此外，为了弘扬冯梦龙文化，拍摄《冯梦龙传奇》电影等活动，展厅中都有所介绍。更难能可贵的是，当地政府和旅游部门为了弘扬冯梦龙文化精神，激励新时代的干部有作为、敢担当、廉洁自律、亲民为民，把冯梦龙廉政文化培训中心的建设和推介作为工作的重点，让更多的参观者以古鉴今，树立当代的廉政之风。

　　走出冯梦龙纪念馆后，我又深情地望了一眼冯梦龙廉政文化培训中心，握手道别了小邢，在返城的途中思忖良久，我脑海中不断涌现出先贤冯梦龙为官时的感人事迹和那世代相传的名言警句。当汽车驶过苏州人民路碑刻博物馆时，我忽然又想起了庭院中的一块石头，上面刻有"廉石"二字，那是对清正廉洁的况钟的赞美。而只当了四年知县的冯梦龙廉洁自律，忧国忧民，为民着想，其精神不是同样难能可贵吗！

（作者为苏州市卫生健康委员会退休干部，江苏省作协会员，高级政工师）

资讯简报

苏州市相城区建立冯梦龙廉政文化教育基地

殷盛华

冯梦龙廉政文化教育基地是苏州市相城区开展廉政文化教育工作的重要阵地。基地以现场教学为特色，以传承弘扬冯梦龙思想文化精神、激励新时代干部担当作为为宗旨，以打造全国廉政教育基地为目标，致力于建设成苏州乃至长三角、全国的干部教育培训新阵地，成为展示相城区冯梦龙文化、乡村振兴等文化建设、改革创新等经济社会发展成就的窗口，通过培训事业和培训产业的双轮驱动，让干部受教育，让群众得实惠。

基地位于苏州市相城区黄埭镇冯梦龙村，围绕冯梦龙为官、为民、为文的事迹和作品典故，紧抓创建全国一二三产业融合发展先导区和省级特色田园乡村的机遇，以"德泽渊源，耕读梦龙"为主题，深入挖掘冯梦龙的政绩史实和文化贡献，精心努力建设、打造融廉政文化教育体验和现代乡村振兴与一体的思想精神阵地和优秀文化家园。

基地共规划建设 16 个项目，其中冯梦龙纪念馆、冯梦龙故居、冯梦龙廉政文化培训中心、冯梦龙书院、四知堂、德本堂、新言堂、卖油郎油坊、冯梦龙农耕文化园等已相继建成使用。山歌馆、广笑府、接待中心和冯梦龙文化研究中心在建中。

一、现场教学载体

冯梦龙廉政文化教育基地目前有以下现场教学载体：

1. 冯梦龙纪念馆

冯梦龙纪念馆以冯梦龙文学、戏曲、艺术作品及廉政教育为主题集中展示，培训团队可以了解冯梦龙一生为官、为民、为文的事迹，领悟他立德、立言、立功的人生追求，并探寻吴地风土人情。

2. 冯梦龙故居

冯梦龙故居是典型的明代江南建筑，优雅别致。故居内部生动还原了冯梦龙童年的生活和读书场景，传达出冯家以诗书传家的书香门第的成长氛围，描绘出冯梦龙清廉为官的品质的思想渊源。早年的学习积累不仅是冯梦龙文学创作的基石，更是他后来治理寿宁的基石。

3. 冯梦龙廉政文化培训中心

冯梦龙廉政文化培训中心占地近2900平方米，拥有1个多功能厅，2个会议室，13间大、中、小培训教室，可容纳600人同时培训，满足集中授课、分组研讨等多种形式的教学需求。

4. 冯梦龙书院

冯梦龙书院以冯梦龙著作收藏为核心，融读书、藏书、刻书、文化教育于一体。参观者在这里可以借阅冯梦龙作品，品尝休闲文食，体验雕版刻书文化，还可以在教室接受廉政文化教育。

5. 四知堂

四知堂以冯梦龙拒绝柳必贿赂的"天知、地知、你知、我知"的"老四知"，引申到"知天、知地、知我、知他"的"新四知"，既是廉政教育展览馆，也是冯梦龙村开展廉政建设的工作阵地。通过参观学习，参观者能够摆正世界观、人生观和价值观，严格要求自己，不断加强党性修养，提高廉洁意识，筑牢反腐倡廉、遵纪守法的思想防线，自觉抵制不良之风，永葆共产党员的廉洁本色。

6. 德本堂

德本堂根据"崇德、明德和修德"的项目要旨，依托冯梦龙村的自然资源和人文资源，划分为冯梦龙村新时代文明实践站、冯梦龙村相贤工作室、志愿者服务平台和相城好人馆四个功能空间，是集思想引领、道德教化、文化传承和文明实践等多种功能于一体的基层综合平台。

7. 新言堂

冯梦龙村以党建引领冯梦龙村全面发展为基本原则，根据发展实际,创设"梦龙新言"党建品牌。冯梦龙村积极适应新时代新要求,将时代发展需要与党的建设深度融合,全面强化党建引领,在冯梦龙的代表作"三言"的基础上,以"治村明言""富村通言""美村恒言"的"新三言",全方位助力冯梦龙村乡村振兴。

8. 卖油郎油坊

卖油郎油坊以冯梦龙的小说《卖油郎独占花魁》为基础,收集油木榨、风车等旧农具,复原传统榨油技艺,还原一个以古法榨油、食用油购物、天然油炸食品制作为体验线的生活场景。

9. 冯梦龙农耕文化园

冯梦龙农耕文化园围绕"冯梦龙与农耕文化",打造农耕广场主题区、田园耕作体验区、故事花卉观赏区、民间游戏互动区和水韵生态游览区五大功能区,让培训团队听着冯梦龙农耕故事走进冯梦龙的世界。

二、已开发课程

教育基地的来访参观对象地域广泛,包括全国省、市、区各级政府和单位,涵盖包括党政机关、事业单位、企业、银行、学校等不同的参观团队。

基地组织苏州市委党校、苏州大学老师和专业讲解员等联合队伍,充分挖掘冯梦龙文化内涵,专项开发冯梦龙文化精神专题系列课程,同时也结合苏州当地培训需求进行优化分类。现主要配备以下课程:

1. 冯梦龙文化精神系列

(1) 弘扬冯梦龙精神 擦亮冯梦龙文化品牌的相城实践

(2) 冯梦龙名言警句解读

(3) 冯梦龙为民务实精神及其当代价值

(4) 冯梦龙为政之道与现代廉洁观

(5) 冯梦龙与苏州传统文化

(6) 从冯梦龙小说谈领导干部的做人为官之道

2. 理论教育和党性教育系列

(1) 提高党性修养 改进工作作风

（2）加强党风廉政建设　深入推进全面从严治党

（3）学习党的十九大精神　建设魅力宜居新乡村

（4）文化自信和乡风文明

3. 知识能力提升系列

（1）优秀传统文化的几点基本精神

（2）学习传承苏州"三大法宝"　提振担当干事精气神

（3）增强领导干部的执政本领

（4）吴文化漫谈（儒家视角中的苏州园林、吴文化中的和文化等）

基地 2018 年总参观量 42665 人次，其中单位团队参观 9401 人次；2019 年总参观量 122205 人次，其中党政企事业单位团队参观 70383 人次。2019 年 3 月起基地承接各类主题培训 74 批，计 6300 余人次，并接待大小会议、活动近 30 场。

基地不仅与苏州当地院校合作，共建"苏州市委党校现场教学点""苏州大学现场教学点""苏州科技大学大学生廉洁教育基地"等多种高校教学基地，并且已成功创建全国农村创新创业示范基地；入选"长三角高层次人才培训中心现场教学点"，获得"苏州市新型职业农民教育基地""国家全域旅游人才培训基地现场教学点""江苏省华侨文化交流基地""江苏省社会科学普及示范基地"等荣誉称号。

编 后 记

　　年初,适逢疫情暴发。说实话,我们本来很担心本辑能否顺利出版。令人欣慰的是,经过作者、编者几个月的共同努力,克服种种意想不到的困难,一年一辑的《冯梦龙研究》终于即将如期面世了。这个以"冯梦龙"命名的学术阵地,不仅未曾"失守",甚至更为壮观。

　　这里,我们首先要感谢耕耘冯学、以文"抗疫"的每一位作者!

　　本辑刊发的论文,不乏精彩。例如,简雄撰写的《"三言二拍"中的商人世界》,把冯梦龙、凌濛初两人的商人叙事置于中晚明社会重大变革的宏阔背景上,指明小说家言实质上是"以商言世",恰如世情一般呈现出多样性,同时还指出"三言二拍"的商人叙事,对于认知中晚明时期的"江南"所具备的参考价值。顾敏、孙月霞等为"冯梦龙与廉政文化"会议撰写的论文,结合冯梦龙的民本思想和为官实践,或探讨如何将冯梦龙文化融入和服务于地方发展,促进新时代乡镇社会治理的建设,或联系当今新时代好干部的标准问题,借古论今,颇有见解,从一个侧面体现了本书"传承创新"冯梦龙文化的主旨。其他一些致力于冯梦龙研究的名家、新锐的文章,也从不同视野、角度聚焦"冯学",深耕经典,阐扬文化,为本书增光添色。

编　者